岁月的足迹
——追忆与感悟

Footprints of the Years
— Reminiscence and Insight

邓学华　夏　阳

易文出版社
I Wing Press, New York

Footprints of the Years
——Reminiscence and Insight
By Deng Xuehua   Xia Yang

Published by I Wing Press, New York
iwingpress@gmail.com
October 2024, First Edition, First Printing
ISBN： 978-1-961768-07-9

岁月的足迹——追忆与感悟
邓学华 夏阳 著

出 版 人：冰　寒
装帧设计：王昌华

出　版： 易文出版社·纽约
版　次： 2024 年 10 月第一版，第一次印刷
字　数： 150 千字
定　价： $30.00

Copyright © 2024 by I Wing Press, all rights reserved.
No part of this book may be reproduced in any form or by any electronic or mechanical means including information storage and retrieval systems, without permission in writing from the publisher. The only exception is by a reviewer, who may quote short excerpts in review.

作品内容受国际知识产权公约保护，版权所有，侵权必究

前　言

　　岁月静静地流逝，它在每个人的生命中留下了深深的印记。人生的经历如同旅途中的一个又一个驿站，承载着人们的喜悦、教训与遗憾。本文集是我们对已逝岁月的追忆和对人生的感悟，是对个人经历的一次简单梳理，也是对过往历程的反思。文集中的许多文章曾在不同的自媒体网站上发表，并被多次转载。

　　文集共分六个部分。《往事回首》带领读者走进我们的童年、家庭、农村生活、留学与工作经历，回溯那个年代里的担忧、迷茫与欢笑的时光。这些成长中的片段不仅描述了我们曾经如何身处逆境，也介绍了我们当年怎样面对生活的挑战。《旅游观感》记录了旅游途中的见闻，虽是走马观花，却让我们了解到了不同国家的历史、文化、宗教与丰富多样的民俗。《人物随笔》讲述了我们生活中的部分重要人物——好友、同学、导师，以及一些热心人士。他们的陪伴、鼓励与帮助，让我们感受到人情的温暖，为我们日后改变命运提供了间接或直接的支持。

　　在《随想与杂感》中，我们展示了如何从生活的点滴中汲取启示，在平凡中捕捉生活中的精彩瞬间。而《文化传统与地方风情》则表达了我们对中国传统文化与故乡风貌的怀念，勾勒出早年生活的一些温馨片段。最后的《观察与思考》部分，通过对社会现象的观察，我们肯定了社会中的人道主义精神闪光点，并结合相关心理学实验，解释了一些有趣的心理学现象。

　　我们希望这本文集能给读者带来阅读的愉悦，并祝愿每一位读者都能在流逝的时光中，找到属于自己的生活体验与收获。

作　者
2024 年 9 月

作者介绍

邓学华，上世纪八十年代中赴美国，获得图书馆科技信息硕士。分别就任公共图书馆馆员，大学图书馆馆员，以及大学图书馆馆长职位直至退休。赴美前曾任高中英语教师数年。退休后以麦琪儿为笔名在倍可亲和文学城上发表博文，文章被其它网站多次转载，为"热门博主"。业余时间爱好英文阅读和旅游，欣赏西方古典音乐以及中文书法。

夏阳，上世纪八十年代后期赴德国，获得德国机械工程学士学位以及英国计算数学博士学位。曾经在德国大学担任助教，后为欧洲宇航局从事火箭推进器装置的研究工作，此后在一所德国私立大学任教授直至退休。近几年开始在中文媒体《华夏文摘》上发表文章。业余时间喜欢阅读、欣赏古典音乐以及体育活动。

目　录

前　言　I

往事回首

重游苏州　1

悔恨的往事　8

儿时的记忆——我的左邻右舍　10

想起当年学英文　20

日记本的故事　24

麦琪的故事　28

访波恩——贝多芬故居想起的……　50

哥哥的故事——谨以此文缅怀父母　54

附记：父亲的背影　母亲的情怀
　　——读夏阳《哥哥的故事》有感　60

追忆外祖父的教诲　66

国外打工经历拾零　78

荷兰往事　84

旅游观感

伊斯坦布尔印象　123

迷人的里斯本　136

阿尔巴尼亚纪行　143

人物随笔

友情两代人　153

小学里的支老师　158

我的同桌　161

闺房里的桃子姐姐　165

重游杭州再续友情　169

我的校外辅导员　172

与翻译家非琴夫妇的交往　175

我的德语教师　177

我的博士导师　182

奇特的数学教授　187

随想与杂感

西裔情缘　192

织毛衣　195

买文具时的联想　198

55+社区新居琐记　200

新旧家具的联想　203

心脏搭桥启示　205

2021年岁尾杂感二则　207

读《红楼梦》　211

文化传统与地方风情

过新年的联想　216

端午节——外婆的粽子　220

中秋节的断想　222

中国的节日习俗、传统游戏和烹饪佐料 224

苏州话·苏州人·苏州城 228

闲话枫泾镇 231

江湾五角场记忆 234

彰武路今昔 239

观察与思考

德国社会怎样关心残疾人 244

三个有趣的心理学实验 247

往事回首

重游苏州

麦琪儿

苏州是个美丽的城市,她有着悠久的历史,丰富的美食,漂亮的园林,还有各种誉满全球的工艺品,诸如缂丝、红木雕刻、宋锦、刺绣等。

从小到大,不知去过苏州多少次,对她还真是情有独钟。小时候去苏州,是跟着大人走访亲戚,有城里的,还有乡下镇上的,而印象最深的是去乡下镇上。记得亲戚家的住处如同现在的江南水乡,房子的门前是青石板的路,路边有个阶梯,走下去就是一条河。每次一到镇上亲戚家,隔壁邻居的孩子们就都会跑来,叽叽喳喳地说着:"上海小娘鱼来哉,去看看哪。"我站在那里看见那些大大小小的孩子们,觉得有点不知所措,也有点难为情。那些大一点的孩子会问我几岁,我回答后她们就会说:"到底是城里的小娘鱼,长得长格(就是长得高的意思)。"那几个十六、七岁的姑娘带着我去看她们绣花,去看她们在河里游泳。记得有个漂亮的姐姐,带着我去看她绣的丝绸被面,还带我去听她弹琵琶,我当时真是被她的美貌和弹琵琶灵巧的手指所吸引。

城里的亲戚家在阊门。阊门自古以来就是苏州的市中心，那里一直非常热闹。到亲戚家，大多是见长辈。那个大房子进门就有个天井，与四合院里的或石库门里的天井样子相似，天井里有口井。大多时间都是暑假去那里，长辈们总会拿出放在井里浸过的西瓜招待我们，天气热的时候还真解渴解馋呢！

阿姨家在盘门，那个时候算是离市区远的地方了。阿姨家住在离吴门桥不远的地方，她家后面也有条河，在我这样的小孩子眼里，这条河很大，房子也很大。到阿姨上班的地方要走过吴门桥，那时候觉得这座桥很高，但每个台阶却不高，走起来还是很容易的。和表姐她们出去玩，会看见那个破旧的瑞光塔，我总是觉得那个塔好像要倒下来似的。

总而言之，小时候去苏州玩真的非常开心。那个年纪没有很大的食欲，但感觉苏州豆腐干是最好吃的，还有那些糕饼和松子糖，而佳肴里最喜欢的要数清炒河虾仁、松鼠鳜鱼和酱鸭了。

成年以后，多次去苏州，有时与朋友，也有时与家人一起去。除了拜访亲戚长辈，基本上把苏州的园林都看遍了，各种美食也是尝了又尝。前几年与朋友去苏州游玩，觉得不想重复看园林了，于是就去了苏州城外的景区，逛了那里的木渎和同里古镇，玩得也十分开心。

今年去苏州以探亲为主。亲戚中，昔日的少年和青年，如今都已年逾古稀，过着颐养天年的生活。记得小时候他们常来我们家里做客，当时他们还都是中学生或是大学生。他们每次总是会带来我们小孩子喜欢的苏州豆腐干、松子糖，还有苏州麻饼。他们还常常带我们去公园玩，记得有一次有个哥哥还带我去了一次嘉定，那个时候感觉是远得不得了的地方。

这次没有去小时去过的那个乡镇。虽然那里有地铁可达，但据说那里已成了外来打工族的一个居住地，亲戚们也都早已离开了那里。阊门市中心的祖宅早已无影无踪，而盘门的阿姨家也早已拆迁，只有附近的吴门桥还在，那里现在成了苏州的游览区之一。昔日的那个破旧的瑞光塔已修缮完好,盘门、瑞光塔和吴门桥被称为盘门三景,是苏州旅游的打卡点。

去城里的平江路上走一走,恰如小时去的乡下镇上。平江路是一条历史悠久的老街,青石板路和白墙黛瓦的江南人家,有着浓郁的江南水乡风情。河的两边有文化艺术街和美食街,还有评弹说书馆,无不显示了姑苏城的温婉与动人的场景。街上不少女孩子穿着古装服在那里照相,夜幕降临时,倒也煞是好看。

图1:平江路街景

本来要去参观苏州籍的建筑大师贝聿铭先生设计的苏州博物馆,结果听人说博物馆拥挤不堪,无法静心欣赏艺术展品,再说几年前已去看过了大师的建筑,所以就改变了计划,去了苏州新区的苏州博物馆西馆。据工作人员介绍,这个博物馆是由一个德国建筑公司与同济大学的建筑师合作设计的,其造型十分新颖。博物馆除了不少历史收藏,更注重中小学教育方面的题材和活动。

图2:苏州博物馆西馆

图3:西馆的镇馆之宝吴王余眛剑

苏州的相门也值得一看。相门是一座古城门，古时称匠门。传说吴王阖闾曾命剑师干将在此设炉铸剑，故被称作干将门，或将门、匠门。后又因为"匠"与"相"谐音，于是就被称为"相门"了。

相门在宋朝时就被填没，民国时重建，解放后又被拆除，于2012年再次重建。由于它一边靠近新区苏州金鸡湖和苏州大学，另一边靠近平江路和苏州老城，故不失为一个旅游景点。那天去时正是傍晚，灯光下的城门面对着护城河显得十分美丽。

图4：苏州相门夜间近景

第二天晚间去了金鸡湖。金鸡湖景区位于苏州工业园区，现在有苏州地铁可达，十分方便。地铁站一下来就是苏州工业园区的苏州中心广场，商厦里各种商品玲琅满目，餐饮店也比比皆是。2015年竣工的东方之门在夜晚的灯光下十分华丽耀眼,毫无悬念地成了苏州的新地标。

图5:苏州金鸡湖中心广场

重游苏州,感触良多。几十年来,苏州发生了很大的变化。小时候来这里的时候,市区集中在观前街附近的一片区域内,沿街所到之处,满眼是各类当地特色的手工艺品以及勾起人们食欲的美食,满耳是当地居民的喁喁细语,而现在,这里已是一座现代化城市。随着城市化建设的迅速发展,市区的规模不断扩大,外来人口数量也在不断增加。在公共场所,已经很少听见有人说纯正的苏州话了。阔别多年,深为她的繁荣兴旺感到高兴,同时也非常怀念以前那些浓浓的、软糯的苏州话。不久前读过一篇文章,文中提到现在苏州说苏州话的人只有百分之十八。几十年来,城市化发展促进了各地城乡之间的人口流通，方言的传承正在受到极大的挑战。幸运的是，虽然岁月远去，但我仍然乡音未改，可以用苏州话与亲戚们交谈，这让他们感到十分欣慰。

2023 年 12 月，美国

悔恨的往事

麦琪儿

小时候的记忆不完全,有的也很模糊,但总有几件事是忘记不了的,好像会永远记在心里。

困难时期我们年纪都很小,好多事是后来才知道的。当时只记得家里没有什么荤菜,但我并不是很在乎,因为我在七岁前是一个食欲不振的孩子,对吃不是很有兴趣。也因为食欲不振,我做了几件因为粮食而终身后悔的事。

那时我还在幼儿园,记得当时的老师是我们宿舍里一个同学的妈妈王老师。每天中午,幼儿园的饭是在铁罐里蒸的,什么菜我都忘了。当时每天大家都是饥肠咕噜,特别是那几个男孩子。我记得班上有几个男同学,他们总是吃得很快,只有我和另一个女孩吃得最慢。那个女孩比我好一点,可以吃掉罐子中的一大半,但我却是一半也吃不完。老师要大家吃完了就去睡午觉,所以我们吃得慢的人总是在最后。我记得我和那个女孩两人实在是吃不完了,于是就把吃剩的都倒掉。这样连续了两、三天后,老师就来找我爸爸了。爸爸知道后把我狠狠地说了一顿,可能因为我当时还小,他没说什么其他理由,只是说浪费粮食不对。但我后来还是吃不完,老师就给我减少了饭量。

还有一次,也在那段时间,由于我不愿意吃早饭,就把外婆做的馒头扔到厕所后面的窗台上,结果给后面的阿婆看见了,她拿了馒头来告诉我爸爸。这件事使爸爸非常生气,他给我讲了"谁知盘中餐,粒粒皆辛苦"的道理,教育我要珍惜农民的劳动。后来爸爸总要提起这些事,甚至在几年前的对话中,凡是讲到那个年代,爸爸都会提到我扔掉馒头和幼儿园仍饭的事。

  当时年幼,不了解扔掉一个馒头为什么会惹那么多人生气。后来长大了才知道,当时那么浪费粮食是多么无知和有愧。在那几年困难时期,好多人都在挨饿,而且都饿死了啊!我们在城市里,都不知乡下的情况。我刚工作时,有个曾在江西农村插队过的同事告诉我,她刚去那里时,农民告诉她:困难时期村里好多人都饿死了。她当时听了惊慌失措,还说那些农民"反动"。后来她偷偷了解了这方面的情况,才知道农民们说的是事实。

2012 年 7 月,美国

儿时的记忆——我的左邻右舍

麦琪儿

一

小时候住的那个令人怀念的宿舍现在早已无影无踪,而宿舍围墙外面的那条路依然存在。每次回国期间只要走到那一带,一种穿越到那个年代的感觉就会油然而生,当年宿舍里的人和事仿佛就在眼前。儿时的记忆挥之不去,往事并不如烟……

那个宿舍的D区有五排二层楼的房子,每一排上下加起来有十二户。我家住在最后第二排的中间,楼下的六户面对着前面一排二楼的六户人家。我们房前的一条水泥道是每家人进出家门的必经之路。这十二户人家,每家都有孩子。他们的家长职位不同,有行政干部、教授、医生、护士、小学和幼儿园老师,还有一位艺术家。

文革之前,这十二家的大人小孩常常碰面,大家客客气气,很有礼貌。同龄的孩子们老在一起玩,大人们有时会聊聊天。住在我们对门的陈叔叔是爸爸的同事,他夫人是另一所大学的老师。有一次,爸爸带着我们和陈叔叔一家去虹口公园看烟花,我们小孩子非常高兴,看着天上五彩缤纷的烟花,吃着糖果和花生米,听大人们评论着空中绽放的烟花品种:"看看,今年这个好像是新品种哪!"

我家楼上住着的那家,妈妈是大学图书馆员,忘了爸爸是干什么的了。妈妈姓梁,爸爸姓杨,外婆总是把他们两的姓错套在他们的名字上,为此爸爸总是一边笑一边给外婆纠正。他们的三个孩子比我们大许多。那年他们家大儿子考取了大学，小女儿考取了当地最好的初中，邻里之间互报喜讯，大家都很高兴。爸爸就对我说："你要好好读书，长大了像楼上的哥哥姐姐一样。"

小学一年级时，为了支持古巴革命，团结亚非拉国家，学校里组织了合唱队，我也被选在其中。那天晚上的演出是在旁边一所中学的礼堂。老师规定我们都要穿白衬衫和蓝裤子，还要戴上红领巾。记得对面同学的哥哥和隔壁楼上的哥哥也在合唱队，他们比我大几岁。他们除了要唱歌，还要在前面表演简单的舞蹈。那两个哥哥扮演非洲孩子，脸上抹得乌黑，楼上的哥哥一双大眼睛就更显得炯炯有神。那天晚上，我穿上了新的白衬衣和蓝裤子，戴上红领巾。妈妈帮我把辫子梳得整整齐齐，我跟着哥哥们去演出，心里真是开心得不得了。

夏天的时候，我们中间两家傍晚总是把小桌子放在外面，大家围着吃晚饭。吃完晚饭，大家就围坐着纳凉。纳凉时，爸爸常常给我们讲西游记的故事。隔壁的小孩们，特别是对面的哥哥总喜欢来听爸爸讲故事。爸爸讲故事总是用苏州话开头："唐憎，孙行者，猪八戒，沙和尚，噔噔噔噔（苏州话形容走路的脚步声），一路到西天去取经……"接下来就是西游记里的一个故事，每天讲的故事都不同，我们每次都会为故事里的猪八戒笑得合不拢嘴。

对门陈叔叔的母亲是浙江绍兴人，有时会来住一阵子，我们叫她"恩纳"（绍兴话奶奶）。她是小脚，而我外婆却不是小脚。于是我就问外婆，为什么没有像对门奶奶一样的小脚。外婆说，她小时候三岁多时，妈妈在生她弟弟的时候就死了。三岁多的女孩该是裹小脚的年纪，家里人也给她裹了脚，但是外婆哭闹了三天三夜，她爸爸觉得小姑娘实在太可怜了，就让家里人把裹脚布给拆了。外婆说她幸运，没有被裹小脚，不过她的脚被裹了三天三夜，虽然骨头没有断，可脚趾还是受过伤，所以每个脚趾都并拢得很紧，我看了以后，确实感到她的脚与我们的有点不一样。对门的小脚奶奶隔几天就要把长长的裹脚布放开来，洗了晒干，然后再一层一层地裹上去。我曾经两次见过她的小脚，真是好可怕呀！

　　我家那一排最头上的那家是个医生，戴着一幅金丝边的眼镜，举止十分斯文，看见人总会点点头，微微一笑。每天上下班推着一辆自行车走过中间的水泥道。我们小孩子叫他姚医生，他的太太是大学外文系的，我们叫她王老师，也戴着眼镜。在夏天纳凉的时候，我们总会听见他们夫妇唱歌，有时唱英文歌，姚医生有时还拉手风琴。他们家的三个孩子有时也和我们一起玩，记得那个姐姐也会拉手风琴。

　　姚医生家对门是经济系的马教授。他比较严肃，平时不拘言笑，看见人只是点个头。有时听见他一边走，一边哼着京剧的曲子。他的夫人是个小学教师，他们有两个儿子，大儿子长年住在市区外婆家，偶尔才回来。马教授夫人有点神经分裂症，不时在家里会大吵大闹，搞得他的孩子在外面都有点难为情了。

　　对面楼上最后一家，女孩比我大，她爸爸在杭州美术学院工作，平时不常回来。她妈妈是中文系的老师，她弟弟和我弟弟差不多大。因为他们家和我们家是同乡，他们见了我外婆都说苏州话。我和外婆有时去他们家，看见墙上有好多字画。我们小孩子也不懂，只是觉得他们家里和别人家有点不一样。后来才知道，那个在杭州美术学院的老师是著名的雕塑家许叔阳，他太太在中文系工作，也擅长国画。

　　艺术家对门住的是经济系的教授，姓伍，两个男孩与弟弟差不多年纪。家里有个帮他们做家务的亲戚，因为她抽烟，所以大家就叫她"香烟好婆"。香烟好婆小小的个子，嗓子倒是不小，叽里呱啦的，总是说笑话，和谁都可以拉家常。她常常来和外婆说话，有时还十分风趣，大家都很喜欢她。

　　斜对面的楼上有个漂亮姐姐，每天都会唱着歌，总拿着饭盒去食堂买饭菜。她姓丁，有两个弟弟，妈妈是托儿所所长，爸爸是大学的行政干部。我总是羡慕她去食堂打饭，有次我问妈妈："我们为什么不能去买饭菜呢？"妈妈说："你小孩子不懂，人家家里妈妈忙，没人烧饭，我们家有外婆，不用去食堂。"

对面楼上是我的同班同学，她姓王。妈妈是托儿所老师，爸爸也是学校的行政干部。她哥哥就是合唱队里演非洲孩子的，她还有个弟弟。这个同学跳绳跳得很快，学校里要跳绳比赛，我练啊练，还是比不过她。我们有的时候会在一起跳橡皮筋，在地上画了格子玩跳房。

隔壁家的弟弟，小时候得了小儿麻痹症，不幸留下了后遗症，以致双腿瘫痪。这个漂亮的小男孩只能坐在窗口看着别的孩子玩。他有个哥哥，非常调皮。他们的爸爸也姓陈，是中文系的，说话带有福建口音。或许是因为他家没有女孩子，他们父母对我们十分关爱。

那个时候，大人小孩每天来往在这条水泥道上。虽然物质匮乏，可家家都过着平静的生活，孩子们也都无忧无虑，充满了快乐，直到文革的到来，每家都发生了意想不到的变化……

二

文革开始的时候，我们正在上四年级。记得学校从六月起开始停课，校园里出现了各种各样的大字报，几个住在市区里的老师被当作资产阶级批斗。宿舍里的气氛也开始变得相当紧张，每家大人的脸上都带着十分沉重的表情，我们这样大的小孩子都被大人管住，平时只能待在家里。

有一天，不知是谁喊了一声："外面有游街了！"听到外面的喊声，好多孩子都跑了出去。我跑出去的时候已经晚了，没有看见游街的场面。对面的同学告诉我，被游街的是别的宿舍的大人。过了几天，又有人叫了去看游街，我也跟着跑出去。我吃惊地看见对面同学的爸爸王叔叔和漂亮姐姐的爸爸丁叔叔都在车上，他们的双手被反绑着，头上带着高帽子，背上贴着标语。王叔叔平时总是骑着自行车去上班，他虽然个子不高，但腰板挺直，走路健步如飞。外婆总是说："你看，他身体真好，以后会长寿的。"外婆说得还很准，王叔叔至今还健在，已是97岁高龄。丁叔叔个子很高，他不太爱说话，却是个很和蔼的人。

这两个叔叔都是学校里的干部，他们怎么啦？为什么在游街的车上？我正在纳闷，迎面跑来我的同学，她什么也没说，一脸惊恐，慌忙跑了回家。

过了几天，外婆说里弄小组长李太太自杀了。这个突如其来的消息顿时把我吓懵了。李太太是我同学小芳的妈妈，她们住在C区。小芳妈妈是四川人，她爸爸是物理系的教授。我和小芳是很好的朋友，我常去小芳家玩。以前我们曾经在暑假期间到小芳家去办连环画图书室，几个宿舍里的同学拿着自家的连环画，大家可以交换着看。小芳妈妈很喜欢我们这些小孩子，总是拿糖果招待我们。还记得有一次我在她家玩，小芳的妈妈正在腌咸肉。她告诉我，腌咸肉的时候，要先用糖擦在肉上，然后再擦盐，这样腌出来的肉更鲜。我虽然听不太明白，但听她说得头头是道，感到很新鲜。

有一天，爸爸回来时一脸忧伤。对面的陈叔叔，还有前排的董叔叔，都来到我家。三个大人在一起低声交谈，大家都显得很悲痛。原来是他们的好友任叔叔自杀了，留下了年轻的妻子和一个才三岁的幼儿。任叔叔是爸爸和董叔叔的大学同学，也是他们的好朋友，他在另一所大学工作。他的妻子是爸爸系里的老师，我们叫她陶阿姨。我还记得陶阿姨生孩子时的情形，那个男孩和弟弟差不多大。

又过了几天，突然有人说对面漂亮姐姐的妈妈，就是那个托儿所的所长也走上了绝路！我简直不敢相信自己的耳朵，就在前几天我还看见她骑着自行车去上班。那一阵，连着几天看不见丁家的漂亮姐姐去买饭菜了。她的小弟弟有天在外面徘徊，好像不知要干什么。外婆后来把他叫到家里，还给他吃了顿饭。只听外婆说："作孽，作孽呀……"没几天功夫，又听说隔壁楼上的叶教授自尽了，那时叶家的两个孩子比我还小好几岁啊！

忽然间又听说姚医生和马教授也都受冲击了。姚医生失去了脸上的笑容，每天上下班急匆匆地推着自行车走过那条水泥道。马教授更是皱着眉头，再也听不见他哼京剧曲子了。

那个时候，我们几乎每天都生活在惊恐之中，经常听见今天这家的家长被斗了，明天那家被抄家了。我偶尔还听妈妈说她学校里的事，当时也听不太懂，当然父母也是尽量不让我们知道外面发生了什么情况。

宿舍里有一段时间出奇地安静，听不见大人的声音，没有孩子在外面玩，有的只是恐怖和惊吓以及一连串疑问：漂亮姐姐的妈妈前几天还骑着自行车去上班，怎么一下子没了呢？楼上叶教授的音容笑貌似乎仍然就在眼前，他怎么也死了呢？我的心里每天都感到惶恐不安，害怕哪天灾难会突然降临到我家……

可怕的那一天还是来了。那是一个夏天的早晨，好像是在暑假。爸爸妈妈已经去上班，我和外婆在对面楼梯口的阴凉地方剥毛豆。突然看见一群红卫兵，押着爸爸闯进家里。他们不让我和外婆靠近家门口，我们只听见他们在里面抄了一阵，从家里拿了一些东西，然后就把爸爸带走了。家里书橱、衣柜和箱子都被翻得乱七八糟，我们只能忍气吞声地收拾凌乱不堪的家。晚上听外婆和妈妈在说，红卫兵抄去了一套爸爸的西装和领带、爸爸的三弦和琵琶以及所有的线装本古书，另外还抄走了所有的照片和照相本。

那天晚上爸爸没有回来，妈妈也没有和我们细说爸爸不回来的原因，后来我们知道爸爸被关在学校里隔离审查。几天后，半夜突然有人来敲门，我惊恐地立即起来。当时我和外婆睡在后面房间，几个红卫兵闯进来后，命令我和外婆出去。他们粗暴地撬开地板，想从里面找出什么东西。那块地板本来已经坏了，前些日子爸爸刚把它修好。红卫兵忙碌了一阵没找到什么，灰溜溜地走了。

后来我才知道撬地板的原因：爸爸读大学时曾经在一个教会学校教过书，红卫兵认为爸爸是特务，再加上爸爸平时爱装矿石机，也就是后来类似的半导体收音机，他们由此认定爸爸装半导体收音机是为了发报，而发报机就藏在那块被修好的地板下面。现在回想起来真是荒唐至极！

过了大概将近一年的时间，一切算是比较平静了，爸爸也被解除了隔离。可是别的事又来了，几乎每个大学老师都要去五七干校劳动。对门的陈叔叔和他夫人必须同时间去干校，这样他们的孩子怎么办呢？最后他们只能把儿子送到浦东的外婆家，女儿由我父母和外婆一起照看。那段时间，我和妹妹还有这个女孩一起生活了好几个星期。

浩浩荡荡的革命在继续，孩子们也在家长受冲击的阴影下逐渐长大。漂亮姐姐的妈妈去世时，她正是青春期的年纪，但却必须强忍极度痛苦和悲伤，担负起照顾弟弟们的责任。我的同学小芳，自妈妈去世后，完全变了一个人。一个曾经总是充满欢笑的女孩，从此失去了脸上的笑容，变得沉默寡言，大家都不愿和她多来往了。

在那个不正常的年代，这些宿舍里的孩子们的命运将会是什么样的呢？

三

在那个不正常的年代，宿舍里的孩子们不可能掌握自己的命运。在当时的时代潮流中，没有人能躲过一次又一次政治浪潮的冲击。1960年以前出生的孩子，基本上都躲避不了上山下乡的命运。当时，中学毕业生没有升学可能，所有人必须服从学校分配，他们要么被分去农村，要么被分配到工厂。家中如果有哥哥或者姐姐去了乡下，那么弟弟或妹妹就可能被分配在工厂、城镇的商业部门，或者被分配在里弄加工组，幸运一点的可以分到大学的校办工厂。在1967至1970年中，有的家里兄弟姐妹几个都被分配去了农村或边疆。

宿舍里不少人去了外地农村，比如，对面同学的哥哥去了云南，姚医生的女儿去了安徽，她弟弟去了内蒙古。还有不少人去了黑龙江、云南、安徽和内蒙古。也有一些去了上海郊区务农，比如，马教授的大儿子被分配去了崇明农场，我也被分配去了上海郊区农村。

总算在1976年的拨乱反正后，孩子们的家长在学校里又都回到了教学岗位，成了各自学科领域的带头人，在学术上都取得了很大的成就。1977年恢复高考后，宿舍里当年去农村、工厂、商业部门的孩子们，还有部分中学应届毕业生，陆续考上了大学，为自己创立美好的前程打下了基础。他们靠着不懈的努力，最终改变了自己的命运。

1977年以后，社会的每个角落似乎每时每刻都在变化。在落实知识分子政策的工作中，宿舍里各家的居住条件也都有了相应的改善。姚医生一家搬去了另外一个宿舍，对面王叔叔家和我们家也搬到了宿舍里新盖的楼房，艺术家一家迁居去了杭州，马教授一家搬到了市区。

80年代初，有一次在路上偶遇姚医生的女儿，她非常高兴地告诉我，她和弟弟们都上了大学，他爸爸也得到了平反。我也早就听说她妈妈在学校里受到了重用。好多年后，又听说姚医生一家移居了美国。几年前，在地方报纸上还读到姚医生写的在美国行医的文章。

马教授平反后受到了学校的重用。大家后来才了解到，马教授年轻时曾在加拿大留过学，他对加拿大情有独钟，后来晚年随子女移居加拿大温哥华定居。

艺术家许叔阳家迁居杭州后，在杭州美术学院任教，教授美术及雕塑课程，桃李满天下。刚到美国时还遇到几个许叔阳的学生，当时他们在纽约边读书，边打造自己的事业。

邻居家残疾的漂亮男孩经过自己的不断努力，取得了外语学院的文凭，最后在重点中学教英文直至退休。

几年前回国时遇见了马教授的小儿子。他告诉我，他哥哥从崇明农场出来后去了一所大专学院，毕业后在工厂里做工程师。移居澳大利亚后，因为他有专业技工的手艺，后来成了一家工厂的主要工程负责人。

丁家的漂亮姐姐早就做了奶奶，退休后一直在当地退休老年大学舞蹈队担任领衔。对面我的同学，她哥哥当年去了云南，她本人去了卫生学院，后来在学校生物系做助理直至退休。

左邻右舍的小朋友们

这张照片上的是我左邻右舍的几个。右起第三的女孩,是对门陈叔叔的女儿,她就是当年由于父母同时去了干校由我父母和外婆照看的女孩,如今她已定居日本。前几年我回国的时候,正巧她也在上海,她还来看我妈妈,我们一起吃了妈妈做的饭,感到十分亲切。她总也忘不了那段特殊时期在我家受到的关照。她在日本生活多年,谈吐举止已完全和日本妇女一样了,年迈的妈妈看了都感到有点不习惯了呢。

右四就是隔壁调皮的男孩,残疾男孩的哥哥。他在1977年考入北大,如今定居在加拿大。今年我回国时正巧他也回去探亲,我约了与他的家人一起晚餐,这是1977年分别四十多年后的再次相聚,叙旧时大家深感岁月匆匆。

右五是右三的弟弟,是那个父母同去干校时被送到浦东外婆家的小男孩。他早已来美国读了博士,在美国定居多年,前几年听说他已做了外公。

几十年岁月就这样悄然流逝。回想起文革以前,左邻右舍的孩子们曾经有过那么多的欢乐,而在文革中,他们又因可怕的经历受到过不同程度的心灵创伤，以后在农村和边疆的生活中，他们与无数同龄人一样，有过那么多的艰辛和苦楚。如今这一切虽然过去了，然而无论岁月怎样流逝，早年的那些经历会变得更加刻骨铭心，让人永远不能忘怀。

记忆可以成为过往和故事，写下来为的是记住不正常年代发生的那些事，希望它们不再重复在人间。

2023 年 12 月，美国

想起当年学英文

麦琪儿

前一阵看见有个朋友写了初学英文的体会,他的文章使我想起我那个时候学英文的情景……

那是在七十年代初,我还是一个中学生的时候。那段时间,学校里不常上课,很多时间是在拉练,军训、学工、学农,在教室里的时间很少。即使在教室里上课,几乎一半的同学都不在听课,有的同学自己互相吵闹不算,还要和老师开玩笑,碰到不太严厉的老师,一节课45分钟的时间有一半时间能教课就不错了。

忘了是哪一年,开始有了广播英语,可以跟着无线电广播里的英语课学习英文。记得当时好多同学积极性很高,对我们这些渴望读书的孩子来说,这是个学习的好机会。除了学校的英语课,我每天回家就跟着广播再学。不知是什么原因,我对学习英文特别感兴趣。在家里,我老是听了读,读了写。当时教的大多都是些口号,但是不管怎么说我都掌握了。有一次在英语课上,刘老师让我到黑板上听写他教我们的几句口号,我还一字不差地写了下来。刘老师十分高兴,还表扬了我。我知道刘老师高兴的不仅仅是我写下了他教我们的英文口号,最重要的是他高兴有学生听他教课。

那个时候我们一会去农村学农两个月,一会儿去工厂学工一个月。有一段时间我们除了在厂里劳动,每周要回学校上两天课,学习各种课程,也包括英文。英语课的刘老师换了陈老师。我当时还很想念刘老师呢,毕竟他表扬过我多次,给过我不少鼓励。不过无论谁来教课,我都十分期待，因为又可以上英语课了。

陈老师第一天给我们上课时，不再教那些口号了。他教我们英语人称、性别、时态变换和语法，具体的句子我记不清了。他每次都要求我们在下周的课上时能够正确默写他教的单词和句子。我非常高兴，总算我们可以学习真正的英文了！不过当时好多同学无心学习，好几个男同学还在上课时捣乱吵闹。在下周的课上，我完全正确地听写了老师要求我们掌握的内容。老师在收作业时看了很满意。那天下课时，我去问了陈老师怎么用英文表达年月日期等，他当时就把我问的问题都写了下来，并且还表示，如果我有兴趣学英文的话，他下次会带给我一套书，可以教我学习英文。我真是欣喜若狂！从那天起我就开始了英语学习的生涯……

陈老师借给了我一套灵格风初学英文课本（The Linguaphone English Course），共三册。这套课本是英国学者为外国人初学英文所编的。我当时也不太懂，只是按照老师的要求去学习。我每天回家就照着书本念，然后做每一课后面的练习题，如果有问题就在上完课时就问陈老师，有时也到老师办公室念给他听。在学习读音规则的过程中，我掌握得还是比较快的。陈老师告诉我，这是学好英文的重要基础，他为我的进步感到欣慰，他还表扬我的语音发音很正确。每次受到陈老师的鼓励和肯定都使我这个渴望学习的少女增强了信心。这套书里的读音规则和基本语法的练习很多，我每一课都做得十分认真。我可真是迷上英文了！

当时我们每周要到工厂劳动，陈老师不是我的班主任，他带学生劳动的车间与我劳动的车间隔着一扇铁丝网的门，门不能打开，但是交换书籍这样的小物件还是可以的。所以，我每次做完了作业就会在陈老师去工厂的那天隔着铁网门交给他，他批完后过几天还给我。就这样，经过了一段时间的自学和老师的辅导，我完成了灵格风初级英文课本的学习。

灵格风英文是初级课程，可以让自学者基本掌握英文的人称、动词变化、动词的时态和语态、基本语法以及读音规则。读完灵格风课本后，陈老师建议我学习许国璋的大学英文课本，当然书也是陈老师借给我的。学习许国璋第一册的时候，感觉前面部分还是比较简单的，这是因为已经有了灵格风的基础。但是后面的练习就开始难了起来，主要是翻译习题多，这样陈老师的辅导和批改就多一些了。还是像以往一样，我定时给陈老师交作业，他批改以后还给我，有时有空我会到他的办公室去一会，他会指出我的错误和分析错误的原因，还让我读给他听。平时在家里，我用半导体收音机听美国之音，虽然当时也听不懂多少，不过多听还是有帮助的。快到离开中学去农村之前，我已完成了许国璋的第一册，开始了第二册的学习。在那个同时，陈老师还借给我几本英文的简易读物，都是一些英美古典文学作品的简化版。陈老师说这个就叫"泛读"，多读了可以提高阅读能力。他还说，有几个生词没有关系，多看多读了就会记住的。这个教学方法后来我也用在了我的教学中。

1973年一过元旦，我和其他很多同学一样，被分配到了上海和江苏交界的农村去插队务农。刚到乡下时是冬天，出工的时间还不算太长，每天晚上还是有点时间学习英文的。当时学习许国璋的第二册，翻译的作业会定期寄给陈老师批改，他改好后再给我寄来。当时的邮政服务倒是十分迅速，一般两三天肯定可以收到。这样坚持了一段时间，可是后来就越来越困难了。到了乡下，生活和在学校截然不同。每天的农田劳动会让人感到疲惫不堪，特别是到了农忙时节，每天要在地里干十几个小时。当时为了做一个"可以被教育好的子女"，在劳动上面还不能打马虎眼。渐渐地，学习英文的时间越来越少，后来就只好暂时停下来不学了。陈老师虽然感到有点遗憾，但他还是鼓励我说："你现在劳动那么辛苦，可以暂时放一放，以后有机会再看吧。"就这样，大概在下乡一年多后，我在差不多学完许国璋英语课本第二册时，就只好暂停学习了。

　　人在一生中会遇到许许多多意想不到的事情，有的时候有人帮了一把，或是有人指点了一下，都会对以后的生活和事业产生很大的影响。在那个读书无用的年代里，陈老师乐意教我英语，给予我无数的帮助和教导，是多么的难能可贵！他的指导和帮助让我在英文学习中打下了初步的基础，后来英文还成了我的专业。陈老师可能也像刘老师一样，乐意地教授和帮助一个爱学习的学生，觉得帮助一个爱学习的学生能给他带来欣慰吧。

2022 年 2 月，美国

日记本的故事

麦琪儿

有些事看起来十分平常自然，或者从医学和心理学角度来解释是青少年青春期要经过的阶段。可是，在那个动荡和混乱、许多人的心灵被扭曲的年代里，未成年的孩子也会因为一个小小的日记本的内容被批判和被羞辱，遭到不公平的待遇，甚至连家长都没有办法替孩子申辩和保护自己的孩子不受伤害。下面要讲的是一个初中少女的故事，她叫慧子。

慧子小时候爸爸总是说，常常写日记，可以提高写作水平，即使是流水账，也会对语言的表达和用词有帮助。大概从四五年级开始，慧子就开始写日记了。除了记事以外，还会写点对熟悉的人的看法和学习心得，以及对有些周围发生的事的理解和感觉等等。

那是在"文革"期间，有一次和同学一起去当地大学看大学生造反派什么的，看见一个女大学生头发都被剃光，样子很怕人。回家后就一直在想"怎么会是这样的？"于是慧子就在日记写了几句不理解的话。慧子有个与她同一天出生的表妹，有时表妹来慧子家，大家学习跳新疆舞扭动脖子，慧子不时也会在日记里写几句。

后来慧子上了中学，看见琐碎的事会把它们写下来。由于性格比较内向，她不愿意对家人或者同学吐露一些事。那个时候，上课吵吵闹闹，很少有人听课，有几个调皮的男生几乎每节课都要捣乱，吵得老师无法教课。慧子这个很想学习的孩子就觉得气恼，总是想着要努力学习，因此也会写下自己的想法。

那个时候在学校里，男女同学之间不说话，也从来不在一起参加任何活动，即使是体育课，男女同学也都是分开上。学校里常常要学生们去工厂，农村劳动，在教室里的时间不多。父母当时也是由于大学不招生，不搞业务，还常被送至什么干校劳动。慧子妈妈有一个同事朋友，有一段时间，她的丈夫被送去干校劳动了。有一次她带了两个儿子来慧子家做客，慧子觉得十分新鲜。因为在这之前，慧子除了和来家里拜访的表哥，堂哥谈过话以外，还是第一次与年龄相仿的男孩子接触。

两个男孩子也是中学生，比慧子大一些，哥哥叫大远，弟弟叫小远。他们长得很高大、帅气。大远看上去很斯文，脸上总带着微笑，十分和蔼。小远比哥哥还高、健壮，十分敬爱他哥哥。慧子有个比她小两岁的妹妹，她和妹妹总是为了鸡毛蒜皮的小事争来争去。有一次她们正在争吵时，两兄弟来了。大远看见两姐妹的争执，就说"怎么那么大了还要吵架啊？"慧子听后很难为情。后来她和妹妹说"大远说我们这么大了，不该吵架了。"从此以后，她们就再没有吵架，总是互相支持和爱护。好像就从那时开始，慧子真的长大了！

那个时候没有电话，要去谁家不用打招呼。那是个夏天的傍晚，大远和小远没有和他们的妈妈一起来，不知怎么，慧子突然被高大的小伙子小远深深地吸引住了。那颗情窦初开的少女之心一下子激动起来。她没有告诉别人。后来的日子里，她只是关注着，惦念着，等着，盼着，渐渐地小远走入了她的心中。于是，她把她看的想的感觉到的都写入了自己的日记里。她盼望着小远和哥哥再来玩，希望母亲可以带她去小远家。可是没过多久，小远和哥哥就再也没有来。

又到了学农的时间，慧子她们班被送去了农村。慧子当然带着她的日记本，还报名参加了学医班。有时晚上她会拿出日记本写上几句，除了有时写了对小远的思念，还写了要立志读书，以后做个有用的人。那时全班被分成几个小组住宿在农民提供的小屋里。慧子一组有八人住在一起，每人有个小竹床。慧子把日记本放在枕头底下，白天出去劳动，晚上睡觉前有时会打开日记本，读着写着。每天的做饭是轮流的，两个人留下做饭，其他人出去劳动。

有一天轮到到慧子和小萍一起做饭。小萍是个比较文静朴实的女孩，和慧子相处很好。她很羡慕慧子的聪慧，总是说"你学习好，我要向你学习。"确实在那个年代里，虽然教室里老师不能教，学生不要学，有的学生学不到，可慧子是班上各科老师眼里的好学生。慧子和小萍把煤炉点好后，其他同学就出工去了。等她们走远了，小萍马上对慧子说："你要写东西，怎么不藏藏好呢？"慧子忙问："怎么啦？"小萍说："她们偷看你日记了，要去汇报呢！"那个时候煤炉已点燃了。小萍说："快去拿了烧了吧，否则会很烦的，不要让他们拿着日记本做文章。"慧子一开始还不以为然："怎么烦，你也看过了？"小萍说我没看，听她们说你写"黄色日记"。什么？黄色日记？我写什么了？可是慧子还是害怕，脑海里又出现了几年前爸爸被抓去"牛棚"的情景。于是她就把日记本拿出来撕了放进了火炉。慧子很不舍得，虽然日记本不厚，可这是她好几个月的纪实和体会，当然还有她对小远爱慕的秘密。

果然不出所料，第二天慧子被班主任叫去。他当着所有同学的面要慧子把日记本交出来。慧子说："我已把它销毁了。"那个老师接着说慧子在日记里写的内容有许多是要走白专道路，还有写了对一个叫"小远"的男孩的爱慕，思想意识有问题。老师还问："那个叫小远的是谁？"慧子如实回答说："他是妈妈朋友的儿子。"老师当着这么多同学面羞辱慧子，这让她感到委屈和害怕，但她强忍着羞怒没有哭。

日记本已被销毁了，可是老师还不想马上放过慧子，他先是不让慧子继续参加那个学医班学习，慧子刚学了一点点针灸知识就这样付之东流了。后来老师还去找了慧子的父亲，核对那个叫小远的男孩子是否确有其人。慧子的父亲恳求老师不要再把事情闹大，不要让女儿在年级里再受批判，可是那个老师没有马上同意。

可是过了几天再也没有人来找慧子了。不久，大家都离开了农村回到了学校上课。后来得知，当老师们讨论是否要把慧子的日记之事拉到年级里批判的时候，有个任课老师出来袒护，他觉得孩子们正处在青春期，难免会有感情波动，再说慧子只是写了几句对男孩的仰慕之情，完全没必要小题大做。

在任课老师的保护下，慧子没有再受到批判。慧子虽然解脱了，可是她忘不了那个场景：小小年纪就被逼着在全班同学面前作检查，她的心灵深处受到了很大的伤害。当时慧子心想："我还能继续写日记吗？我还能把自己的想法写出来吗？"想了很久之后，慧子决定不再写日记了。

2023 年 9 月，美国

麦琪的故事

麦琪儿

一、初到乡下

1973年刚过元旦，麦琪还不到十七岁，就和其他知青一起被送往上海郊区与江苏省交界的农村插队落户。出发那天，由于爸爸在干校不能前来送行，只有妈妈一人陪她坐学校的汽车去当地的公社集合，在那里等候麦琪将要去的生产队派人来接。在这之前，陈老师已告诉麦琪，她将被分配在一个离公路长途车站较近的生产队落户，另外，他还告诉麦琪，那里的一个老知青马上要去社办企业工作了。麦琪和妈妈在公社等了不久，生产队长就来了。队长是位中年妇女，看上去和妈妈的年龄差不多，瘦瘦的外表，对人态度和蔼。麦琪心里的压力减少了一半。队长带着麦琪和妈妈坐上队里开来的拖拉机，十几分钟后就到了队里。一路上队长告诉麦琪，那个老知青后天就要去公社了，等她走了以后，麦琪就可住在她的房子里等等。

一到队里，老知青就来迎接了。她把麦琪和妈妈带到她的住地。那是一个破旧的房子，里面收拾得很干净。一边是一张有木架的大床，另一边有一张桌子，桌子上面靠墙有个碗橱，旁边是炉灶和水缸。老知青介绍了自己的情况：她叫玲玲，四年前从上海南市区来投亲插队，住的房子是她远房姑姑家的。她姑姑家在隔壁，两间房子中间隔着一间放柴火的屋子。玲玲很热心，马上点火开始做饭，用的是灶头，柴火要从后面送入炉膛，烧一顿饭前后不知要跑几次。麦琪小时候和外婆去过苏州乡下,看见过这样的炉灶,但还从来没有用过。玲玲一边烧饭,一边教麦琪点火、烧饭。炉灶里做出的饭菜倒是特别的香。

午饭后,妈妈要回家了。麦琪送妈妈到了车站,那天是阴天。到了车站等了一会,妈妈就上了车。临走前,妈妈说:"如果你觉得累,随时可以坐车回家。等爸爸回来了,他会常来看你的。"麦琪忍着眼泪挥手和妈妈告别。车子一开走,麦琪突然觉得孤单起来,心想从今天开始就走上了社会,要独立生活了,将是一种新生活的开始。

那天晚上,玲玲和麦琪睡在一张大床上,她告诉麦琪几年来的农村生活经历。麦琪觉得玲玲像个大姐姐,心里不禁暗暗想到:"要是她不走该多好啊!"第二天,玲玲教麦琪一些农村生活的基本技能,比如倒马桶、刷马桶、打井水、河边洗衣等。这些活对麦琪来说都是新的,比如,先拎着马桶把粪倒入粪池,然后再到河边洗刷。河里的水不能喝,饮用水要从井里打。麦琪小时候去苏州爸爸老家看见过井,但从未打过井水,这还要练习一下了。她按照玲玲的示范,把绑在绳子上的水桶放到井里,然后用力甩动绳子,使水桶侧翻沉入水中,再放松绳子让水桶沉下去,等桶里的水满了,把水桶提上来,拎到屋里倒入水缸,这样灌满一水缸水要来回跑好多次。玲玲拿出了锄头、铁耙、镰刀、扁担、竹箕、木水桶,并且交代麦琪,这些都是下地用的农具。与玲玲一共只待了两天,麦琪学会了不少以前从未做过的事,但有些事可不是一下子就学会的。

上海郊区的冬天通常阴冷潮湿,但只要农田里不结冰,农民还要照常出工。队长把麦琪分在老年和孩子的组里,和他们一起干比较轻的农活"拓菜"(当地话),也就是给油菜松土。麦琪第一次拿锄头,喔唷,一不小心,一下子就把好几棵菜苗都锄断了。她一开始很紧张,结果旁边的农民老太太和蔼地说:"没关系的,你过几天就会了。"老太太又和另一个农民老人说:"这些城里的孩子还真可怜的,她们怎么会做这样的活呢?"然而没过几天,麦琪就掌握了拓菜技术,可以不伤到菜苗就把土松了。

冬天日短，劳动的时间不算长，中午可以有一小时的休息，当然包括烧饭和吃饭的时间。麦琪还没有完全掌握用灶头烧饭的技巧，老是熄火，而且饭有时还夹生。一小时内能吃上夹生饭也就算了，还来不及炒菜，就只好在饭里放点盐，把带来的猪油在饭里拌一下，吃了马上就出去上工。中午还要抽出几分钟时间倒洗马桶。麦琪以前从来没有用过马桶，更不用说洗刷了，也是做了好几天才算像样。晚上收工时天已快黑了，赶快要去打井水把水缸放满，免得第二天早上来不及。吃完晚饭，麦琪还想着要学习英文，做英语翻译练习题。就这样过了一周多，麦琪学会了洗刷马桶，学会了打井水，学会了拓菜，可是在灶头上做饭还是不熟练。

　　有一天，麦琪和农民又去田里拓菜，才干了没多久，有人对麦琪说："有人来看你了。"麦琪抬头一看，原来是陈老师！来到乡下十来天，还是第一次有人来看她，她高兴极了。陈老师说，他去公社安置别的知青，顺便来看看。这时队长赶忙说："快带先生（乡下人称老师先生）去屋里坐吧，上午就不要干活了。"

　　麦琪领陈老师去她的住处，然后问陈老师是不是可以吃一顿她烧的饭，陈老师欣然答应了。那天麦琪用不熟练的烧灶技术炒了青菜，还做了米饭，可惜米饭还是有点夹生。麦琪觉得很不好意思，可陈老师说："没关系，你过一阵就会了，熟能生巧嘛。"

　　这是麦琪第一次招待客人，虽然做了顿夹生饭，但心里还是感到满足，因为她觉得自己真的可以独立生活了。

二、与农民的交往

　　下乡一段时间后，麦琪渐渐对生产队有了一些了解。这个队叫王家宅，村民中除了外面嫁过来的和个别没改姓的，大家都姓王。队里共有三十来户人家，约有男女老少一百多人。紧挨着王家宅是另外一个生产队，村民也都姓王，总人口要多一些。大概是两个队合并在一起太大了，所以才分开的吧？队里的男劳力大多是一家之主，都去市里或者公社的建筑队工作，只有农忙时才会回来几周。因此，队里的妇女和年轻人承担起了大部分农活，包括最脏最累的。

生产队每年要种两季水稻和一季麦子，另外还种油菜和棉花。每户人家按照人口数可分得每人一分自留地。农民的房子建在自家的地上，称石基地。每户人家都有自己的房子，条件好一些的房子是砖墙瓦顶，差一点的就是草屋顶，王家宅草屋顶的人家不多。农民每年收获的粮食和油菜要按照政府的规定上缴国家一部分，其余的都按人口分给各家。到了年终按照各家所得的工分，再扣除一年中所分配的粮食和柴火等，剩余的就是农民的年收入了。棉花和油菜籽可以折换成生产队的收入，最后会算在每个工分的价格里。

麦琪住处周围的好几家农民对知青都很热心，他们常常来问麦琪有没有需要帮忙的，家里是否缺些什么等等。队里与麦琪年龄相仿的年轻人不少。那个时候农村已开始普及文化，大队里有小学和初中，公社里有高中。队里有几个年轻人读过小学，还有几个读过初中，他们在队里算有文化的人了。

住在麦琪对门的那家有姐妹三个，大姐玲娣比麦琪大几岁，是队里的共青团支书，已有了男友，快出嫁去旁边嘉定县的生产队了。二妹招娣读过初中，和麦琪同岁，三妹彩娣刚上初中，她们的爸爸在城里做装修工。这样的人家在队里有好几户，由于家里有人在外做工，收入就比较多，因此他们家里的房子也比较大。

三姐妹不久就和麦琪成了朋友，她们的妈妈也很热心。在闲谈中，她们总会提起老知青玲玲，看来老知青在队里印象很好。麦琪以前也听玲玲提起过玲娣，也知道她们年龄相仿。玲娣很热心，没多久就和麦琪说了加入共青团的事，麦琪十分高兴。由于她们就住在对面，玲娣妈妈常常会端来一碗炒好的青菜，拿来几个馒头，或者送来一些地里收起来的土豆，这使麦琪深受感动。招娣读过初中，行为举止比较文雅。她看见麦琪的英文书很是羡慕，说她初中快结束时学校才开始教英文，她可惜没有学到。麦琪最开心的就是和招娣说话，她觉得这个乡下女孩还真是与众不同。

麦琪房子的后面住着一家烈属,这家的老爷子是生产队里养牛的,大家叫他牛伯,他的上工时间都是自己定的,因为要随着牛的习惯和劳动时间。他的老伴已经半失明,不能外出干活。牛伯有三个儿子,一个在抗美援朝战争中阵亡了,所以牛伯是烈属,一个儿子是哑巴,是个单身,小儿子在城里做工,媳妇桂囡身体不太好,还有三个未成年的儿子,最小的只有六岁。这家算是队里比较穷的了,家中缺乏劳动力,桂囡除了要上工,还要做家里的所有家务。麦琪常常听见她有时骂儿子,有时还听见她哭泣。麦琪觉得她挺可怜的。

有一天,桂囡来敲麦琪的门。麦琪觉得有点纳闷:她来找我有什么事?麦琪开门见桂囡手里拎着个篮子,里面装满了蔬菜,满手都是泥,显然是刚从自留地回来。她对麦琪说:"你可以跟我来一下吗?"麦琪点点头。她把麦琪领到后面的粪池旁,轻声地说:"你以后可以把粪倒在我们家的粪池里吗?以前玲玲要倒在她姑姑家的粪池里,因为她们是亲戚。你应该不在意倒在我这里吧?"麦琪一开始有点不懂,桂囡接着对麦琪说,她家自留地的肥料不够,也买不起肥料等。麦琪听懂了,这时她想起爸爸曾经告诉过她爷爷说过的话:"要对下人客气,要对比自己穷的人好一点,因为你不知道哪一天会需要他们的帮助",于是毫不犹豫地答应了桂囡的要求。

老知青玲玲以前是队里的记工员,她每天记录每个人的出勤,包括几点到几点出工、做了几等工的活,比如拓菜是三等工,挑泥是一等工。玲玲走后,队里的出纳员负责记工分。出纳员是队里管现金的,平时社员没钱了,可以到出纳员那里借,出纳会把欠款记在账上。社员可以及时还钱,也可以赊账,到了年终从自己挣的工分里扣。

早上出工前,大家都会在仓库门前的打谷场集合,等候队长分配农活。这天麦琪刚到打谷场,就听见玉兰嬷扯着大嗓门抱怨出纳员卫芳工分记得不对,把她前几天的工分等级记错了,可卫芳说她没记错。玉兰嬷还说什么亲戚之间有人多写工分,为此两人争执起来。玉兰嬷是队里有名的"大嘴巴",为人直爽,嗓门大,她丈夫曾经参加过抗美援朝,以后又在城里的工程队做工。这时队长说,目前出纳员和记工员是一个人,队里大家是有点亲属关系,会被人误解。于是她决定有空讨论一下,再选一个记工员。玉兰嬸马上说:"有什么好讨论的,就让麦琪当记工员好了。"麦琪听了倒是一愣。队长说,她才来不久,还不太熟悉队里的情况。这时玉兰嬸的嗓门又大了起来:"要怎么熟悉呀,不就记个时间和工种吗?城里人读书总比我们多,有什么麻烦的?"她这个大嗓门唧唧呱呱一阵喊,队长和其他社员也就不多说了,也没问本人是否愿意,麦琪就不知不觉地当上了队里的记工员。

三、夏收的日子

春天来了,地里的油菜已长得半身高,开出了黄色的小花。麦子长得肥绿肥绿的,微风吹过来,麦田就像一湖绿水。一片片黄色的油菜地,夹杂在波浪翻滚的绿色麦浪中,田园里一片黄色,一片绿色,这番景色真是太美丽了!麦琪扛着锄头走在田埂的小路上,呼吸着散发油菜花香的新鲜空气。她还是第一次领略这般美好的田园春色,眼前的一切让她感到心旷神怡。以前有个老农曾经告诉麦琪:"你看看这个田里好看吧?黄一片绿一片的,等到这两片地的颜色变了,黄的变绿,绿的变黄,那么一年的辛苦日子就开始了。"麦琪当时没有听懂老农这话的意思。

到了这个时节,村民们开始在暖棚里培育棉花和水稻秧了。他们先把育秧的地整平,拉成许多块面积约三尺宽十几尺长的平地,在每一地平块上盖一层淤泥,等淤泥干了,再覆盖上一层细土,然后在土层上划好一寸半左右的方格子,再往每个方格里播下一、二粒棉花籽。这些棉花籽是从去年秋收摘下来的棉花中选出来的种子。完成播种后在土表面撒上足够的水,上面盖上塑料薄膜。这样等四、五个星期后就可以移栽棉花秧苗了。当然,在这期间还要经常检查土壤的温度和湿度,如果温度太高,就要把两头的塑料薄膜打开透风。培育水稻秧苗的程序和育棉花秧苗差不多，只是撒的种子不一样，而且土壤必须保持足够的湿度。

过了几个星期，地里的麦子开始成熟了，麦穗沉甸甸地垂着，十分饱满。菜花谢了后结出了饱满的油菜籽夹，绿油油的。还真是如同老农说的，两片地换了颜色。

这个时候，村民们开始为夏收做准备了。他们把打麦机、砸油菜籽机、鼓风机等所有的农机设备拿出来仔细检修，把打谷场地上的破水泥修补好。牛伯也把牛犁的刀磨得又快又亮，每天都把牛喂得饱饱的，让它好好休息。

玲娣和她妈妈来到麦琪的住地，检查了她的镰刀是否锋利、扁担是否结实、竹箕的绳子是否牢固，还叫了牛伯的哑巴儿子来帮麦琪磨镰刀。当地的妇女不戴草帽，而戴那种上面绣着十字花的"兜头"，其实就是一块长方形的布，在后面打个结，套在头上，用来防晒。玲娣送给麦琪一个，还说等有空了教麦琪做。

麦琪的外婆觉得麦琪会没有时间做饭，特地从城里来乡下帮忙。麦琪与外婆感情十分深厚。从麦琪记事的时候，外婆就一直和麦琪一家人住在一起。第一个农忙，有外婆在，她好像觉得心里踏实不少。外婆是个开朗的人，来了没几天就和左邻右舍的村民熟悉起来。她对灶台烧饭、水井打水、河边洗衣、倒马桶这些家务活并不生疏。后门的桂囡常叫儿子帮助外婆打井水；对门的彩娣也时常跑来帮外婆点炉灶。外婆很高兴村民们来帮忙，她对麦琪说："这些乡下人还真是蛮好的啊！"

当麦田泛出一片金黄色的时侯，夏收的日子到了。农民们要在一个月的时间里，收油菜籽和割麦子，当地人把收油菜籽叫作"捉菜"，把割麦子叫作"捉麦"。收去油菜的地要全部耕一遍，整平后种上棉花；收去麦子的地，犁地后要立即灌水插上稻秧。

夏收先从收油菜开始。队长开始分工，有的去"捉菜"，就是把油菜杆砍下放在田里，有的去挑菜，就是把砍下的油菜捆起来，然后挑回来放在打谷场上晒。麦琪被分配去"捉菜"。来了几个月，麦琪已经可以和二等工的村民一起劳动了。二等工的基本上是队里的妇女和像招娣这样的中学毕业不久的年轻人。

麦琪跟着大家来到油菜地。这时的油菜杆子上都是菜籽夹。由于卖油菜籽是队里收入的一大部分，村民们都比较小心，尽量不让菜籽掉在地里。大家用镰刀把油菜杆砍下后放在旁边，壮年男子和小伙子们就把它们捆起来，一担一担地挑到谷场上。油菜杆晒到八分干时，就可以放在扎菜籽机上脱粒，然后把洒落在地上的菜籽扫在大竹匾里，等晒干了以后就送到公社的收购站了。

麦琪第一次用镰刀，当然不熟练，弯着腰捉菜时还怕镰刀砍到脚上。每人"捉菜"一垅地，不一会儿，麦琪就被远远地甩在大家的后面。队长从老远处喊："麦琪，慢慢来，不要急！"就在这个时候，麦琪突然看见招娣和玲娟从前面跑过来了，她们两个一下子刷刷刷地砍，帮麦琪的一垅捉了不少菜杆子，她们是来帮麦琪追赶上大家的！玲娟和招娣年龄相仿，虽然她没有去读初中，可她和招娣两人是好朋友。经常与麦琪来往。农忙前，她们常常晚饭后来麦琪的屋子里玩，有时候会带上手工活，一边纳鞋底，一边聊天。麦琪非常感激这两个村民小姐妹的帮助。

农忙的劳动时间真是长，天蒙蒙亮就出工，晚饭后还要到打谷场上去扎菜籽、打麦子，大约要干到10点左右才收工。外婆看了真心疼，看着麦琪手心里的血泡，直摇头，连连说："小娘鱼作孽呀"，苏州话的意思是"小姑娘真是可怜啊。"

收了油菜，再割麦子。捉麦的活更辛苦，因为麦杆比较硬，镰刀一上午就用钝了，中午吃饭时间还要磨刀。麦琪不会磨镰刀，有时让哑巴帮忙。可农忙季节大家都很忙，没有时间。麦琪只好应付着。由于镰刀不快，再加上麦琪操作不熟练，所以手掌上很快起了很多的泡。一开始是血泡，后来是水泡，泡破了就钻心地疼。渐渐地，这些泡都变成了老茧。

割麦子的时候，油菜地已收干净了。牛伯套着牛，把地犁了一遍，然后整好地，大家把棉花秧种上去。育秧地离种植地有一段距离，需要用竹箕装了秧苗挑过去。麦琪开始了学挑担，一开始不习惯，好像扁担要从肩上滑下来似的。还好，竹箕里的秧苗不是很重，她慢慢地学会了。几天下来，肩膀又红又肿，还磨掉一层皮。

夏收到了最后一步，就是把麦地用牛拖着犁拉几遍，整平后灌上水，把水稻秧插下去。壮年男劳力把秧挑到水田边，把水稻秧一把一把地扔在水田里。大家卷起裤腿，赤着脚，到水田里把秧苗分开，弯着腰，把秧插到水田里。麦琪也和大家一样，弯着腰，裤子卷到膝盖，赤脚在水田里插秧。有一次，麦琪突然间觉得小腿上怎么有点痒，一看是一条虫叮在上面，她吓了一跳，忙用手把它拍掉，可被叮的地方开始流血了！麦琪吓得大叫了一声，旁边的农民听见了，马上知道是怎么回事，于是便安慰道："被蚂蟥叮了吧？没事的，拍掉就好了，出血的地方用手指按一会，马上就会止住的。"麦琪从小怕这类昆虫，以前在家的时候，只要见到鼻涕虫、聚集的蚂蚁还有菜虫，都会惊叫起来。现在连蚂蟥都叮到腿上来了，她真是觉得毛骨悚然。

近一个月的夏收，每日起早贪黑，捉麦、捉菜、插秧、植棉花，这对一个刚满十七岁的女孩子来说真是太艰苦了。可是麦琪咬着牙，一声不吭地挺了过去。这时她才懂得和理解了老农说的"一年的辛苦日子开始了"的真正含义。

四、双抢时节

双抢是指中国南方农村种两季稻地方的夏季抢收和抢种，即收完一季稻后紧接着种下一季稻，上海农村也不例外。夏收时种的那季早稻（籼米）要在七月下旬收割，同时种上另一季晚稻（大米），所有这些收割和种植要在10-12天内进行，种植必须赶在农历的立秋之前完成。

当时，上海农村的机械化程度十分低下，要在不到两周内完成双抢的任务，每个农民每天至少工作16个小时，当然每个人的分工会有些不同。双抢时期的作息时间大致如下：

——清晨3点至6、7点：拔秧；

——上午7点至12点左右：割稻，挑稻，犁地；

——中午12点至3点：休整；

——下午3点至8点：挑秧，插秧，打谷；

——晚上8点至11点：打谷，清理。

在双抢季节来到之前，农民们都要做好物质上和体力上的充分准备，因为在不到两周的双抢时节里，每个人都必须全力投入抢收和抢种，连家里的孩子和饲养的鸡鸭几乎都没有时间照管。

麦琪在乡下后经历过好几次双抢。对于一个从城里去的女孩子来说，每次双抢的劳动强度，不仅冲击体力的极限，而且更挑战意志的承受力。

双抢开始是收割早稻，当地人叫"捉稻"。早稻是夏收时插秧种植的水稻，由于天气炎热，再加上用了足够的化肥，稻子长得很快，一个多月就成熟了。这些稻子收起来后，打下的谷子基本要交公粮。为了尽量避免中暑，农民从早上六、七点就开始捉稻了。结满黄灿灿谷穗的稻秆在农民们的镰刀下倒下，一排排地躺在地里。农民们把割下来的麦秆捆扎起来，然后把它们一担担地挑到打谷场上。年纪大的社员和十来岁的孩子们开始扎稻粒，他们把稻秆子放在脱粒机上翻滚一遍，再扫起地上的谷粒，把它们放在竹匾里晒，晒干后的谷粒将被运去大队收粮站。由于稻秆在脱粒机上滚一遍很难把谷粒全部脱下来，农民们把脱粒后的稻秆摊在打谷场的水泥地上，用一种翻扁拍反复拍打，把剩余的谷粒从稻秆上拍打干净。与此同时，牛伯会赶着牛去收割干净的稻田里犁地，在犁过的地上打上水后再犁一遍，然后把地整平。这样，晚稻的秧就可以插上去了。

晚稻的收成是农民全年的口粮。据农民介绍，为了获得晚稻的最大收成，稻秧需要用手拔下来后再插，而不像夏收时把秧用铁铲带泥铲下那样，拔秧以后再插秧可以使稻秧的根须受到更多的刺激，促进稻子的生长，从而结出饱满的谷粒。农民们拔下秧后用稻秧捆成一把把，然后挑到水田里去插秧。这个拔秧的农活可以说是最辛苦的了。

双抢期间正值伏天，天气十分炎热，再加上时间紧迫，农民们从凌晨两三点至早上六点下地拔秧。因为蹲几个小时拔秧吃不消，社员们都拿着小板凳坐着拔秧。为了防止蚊虫叮咬，哪怕天气再热也都要穿上长裤长袖和套鞋下稻秧地。水稻秧的叶子表面毛糙，拔秧几天下来，手掌的皮肤都会被磨得光溜溜的，几乎都看不见指纹。

麦琪早上六点多拔秧回来，急急忙忙吃几口饭，接着又要出去捉稻和挑稻了。磨光指纹的手要去握镰刀捉稻，真是钻心地疼！由于天气炎热，中午时分可以休息两、三个小时。下午三、四点钟要继续上工，去稻田里插秧！

麦琪与村民们一起，工作到晚上七、八点钟才收工。连续一个下午插秧，她已经累得几乎连腰都直不起来，匆忙吃过晚饭后还要去打谷场扎稻、清理稻穗，把晒干的谷子装进麻袋，待交公粮，一下子就干到了夜里11点。麦琪想着，终于可以回去休息几个小时了，可等到洗完澡，刚躺下睡着不久，上工的钟声又响了起来，又要去拔秧了！

麦琪就这样经过了几个这样的双抢。双抢时节是妹妹的暑期，好几次多亏妹妹来帮忙，麦琪收工回来可以吃上饭，多休息一会儿。麦琪和妹妹从小一起长大，她们姐妹情深，是无话不谈的好朋友。妹妹第一次来帮忙的时候只有十五岁。她学着在灶台上做饭、打井水、倒马桶，去河边洗衣。妹妹看着姐姐每次回来疲惫不堪，心疼不已，因此她总是尽量把家务都做好。在拔秧中，麦琪手掌的皮都磨光了，痛得不能去打井水，洗衣服也很困难，也没有办法绞干衣服，于是妹妹便包下了这些家务。

麦琪出工的时候，妹妹除了做家务，还和农村里的孩子们玩，有时也做些即顽皮又可爱的事。离生产队步行大约十来分钟的地方，有一个大队的小卖部，平时大家会去那里买点油盐酱醋和饼干、点心之类食品，早晨那里还出售一些肉食、鸡蛋和蔬菜。妹妹隔三差五就会在早上去那里买东西。

双抢时，农民们忙得不可开交，家里的鸡鸭都在外面乱跑。有几天，麦琪发现妹妹不去小卖部买蛋，问她怎么回事，妹妹笑而不答。那个时候麦琪每天累得回来就想躺下，就没仔细问。有一天中午，麦琪看见有一只母鸡跑进了屋，直往炉灶的地方奔去。她刚要问，妹妹用食指压着嘴唇，轻轻地说了一声："嘘……"麦琪没出声。等到那只母鸡进了柴堆，妹妹轻声告诉麦琪："它又来下蛋了"，然后格格地笑起来。麦琪恍然大悟："怪不得这几天一直有鸡蛋。"

妹妹来了几次双抢就被分配了工作，不能再来帮忙了。有一年，麦琪实在没辙了，叫了弟弟来帮忙。弟弟那年才12岁，虽然他不能做所有的家务，但也能帮麦琪烧饭、打井水、买菜。麦琪的爸爸给了她一辆自行车，弟弟就骑着自行车到小卖部去买东西。每次麦琪和弟弟说好要买什么，并且把做饭烧菜的每一项程序都写下来交给他。麦琪教弟弟在煤油炉上做饭菜，这样比在炉灶上要简单得多。弟弟依样画葫芦，学会了烧榨菜肉丝番茄蛋汤，还有青椒炒肉丝等。

弟弟毕竟年纪小，他空下来就去和农民的孩子们玩，和一些小男孩一起去抓乌龟、捡鸭蛋。弟弟带去一个半导体收音机，农村的孩子们没见过，很想听。弟弟就和他们说："我给你们听半小时，你们要出去给我捡几个蛋回来。"那些农村孩子们为了能听半导体收音机，帮弟弟跑出去捡了好多次鸭蛋。好几次麦琪下工回来时，弟弟会说："大姐，你看，又有鸭蛋了。"这使麦琪想起学英文时，读过的马克吐温的《汤姆索耶历险记》，书中描写汤姆如何把油漆栏杆说得十分有趣，从而让别的孩子为他刷漆的情景。

十来天的双抢结束后，大家都筋疲力尽。这个时候麦琪就会回城休息一段时间。在家的开头五、六天，麦琪什么也不想干，只想睡觉。外婆叫醒麦琪吃饭时总会心疼地说："怎么像个小猪猡啊，吃了就睡，小娘鱼真是太累啦……"

麦琪就这样经历了几个双抢，手上的老茧，磨光的指纹，红肿的肩膀，还有每次插秧弯着腰站不起来的时刻，日复一日起早摸黑的劳动，每次都咬着牙挺了过去。那时她常想："这样的日子什么时候才能出头啊……"

五、乡村的女孩子们

麦琪去的那个公社地处上海市和江苏省交界地区，是上海郊区农村中经济和文化相对落后的地区之一。直到60年代末期，农民家才有了电灯，后来家家户户又装了广播喇叭，公社有线广播站转播的各种节目渐渐开阔了农民的眼界。但那里远离市区，交通不便，当地人以前很少接触过城里人，对城里人的生活习俗一无所知。后来随着下乡知青陆续迁入，当地的年轻人渐渐地对知青充满好奇，也很想了解城里人的生活习惯。

到了乡下一段时间，与麦琪年龄相仿的女孩子就喜欢来她的屋子里玩，其中来得最勤的当然是招娣和玲娟了。她们来的时候手里总是带着针线活，比如纳鞋底或绣兜头。麦琪想起自己小时候二、三年级时就有了塑料底的布鞋，后来还有了球鞋和皮鞋，为什么她们还要纳鞋底做鞋子呢？后来才知道，塑料鞋底在地里会打滑，容易摔跤。当时农村人的收入普遍较低，买不起其它的鞋子，如果穿布鞋在农村的土路上走，鞋底的磨损不大，因此他们觉得布鞋比较经济。

麦琪去乡下时带了一个直经大约有两尺多的木盆，是专门为洗澡准备的。农村人没有洗热水澡的习惯，天气热了就在河边洗洗擦擦，而麦琪要烧了热水放在澡盆里洗澡，对此农民们觉得很奇怪。麦琪从女孩子那里了解到，她们平时会去河边洗脚擦身，冬天晚上睡觉前用热水洗一下脚。后来她们看见麦琪用澡盆洗热水澡，也到镇里去买了澡盆洗热水澡。玲娟因为哥哥结婚，家里住房短缺，所以常常到麦琪的住处睡觉，麦琪就"逼"她每天要洗干净了才能上床，渐渐地，玲娟也养成了睡前清洗的习惯，还向其她女孩子宣传每天洗干净的好处。

那个时候，织毛衣技术还没有在农村普及，女孩子们没有完全接触过绒线织针。有一次麦琪把毛衣拆洗了重织，女孩子们看见了，觉得很新鲜，就要麦琪教她们织毛衣。麦琪很乐意教她们织毛衣，还带她们去镇上买毛线，有时会把家里多余的织毛衣针送给她们。女孩子们学会织毛衣后，还帮家人织毛衣。玲娣在结婚前为男朋友织了一件毛衣，这事很快就在年轻人中传开，后来还成了村里家喻户晓的一段佳话。

除了农忙季节，招娣和玲娟常常在晚饭后拿着针线活来找麦琪，后来还加了一个玉兰嬸的女儿建英。建英比招娣小一岁，读了初中，长得秀气，皮肤比较白，在农村女孩中算是比较漂亮的，用当地话说是"出客"。那个时候，农村的人都自己织布做衣服，很少有人去镇上买布做衣服，因此女孩子们对麦琪穿的衣服，无论是料子还是式样都很感兴趣。

夏天一到，农村的妇女和女孩就穿一个肚兜，麦琪以前只在书里看见过这种服装，而当地妇女收工回来后就穿肚兜，这着实把麦琪给吓了一大跳。玲娣当时还说要送她一个，麦琪婉言谢绝了。那时城里的妇女和女孩子穿的内衣是小背心，后来又有了胸罩。这几个常来窜门的女孩子开始对麦琪的内衣有了好奇心，特别是玉兰嬸的女儿建英，她先是说要看看，后来又说想要试试。她们告诉麦琪，老知青玲玲在的时候，她们就很想问她，可是玲玲比她们年纪大，觉得她们是小孩子，不愿与她们多说。现在她们觉得和麦琪年龄相仿，而且麦琪很随和，所以就提出了这个要求。麦琪爽快地答应了她们的请求，并且约她们等哪天有空一起来，大家关起门来试内衣。

有一天下雨，大家不出工，麦琪让招娣、玲娟、建英在屋里轮流试穿麦琪的内衣。女孩子们一边试穿，一边格格地笑个不停。建英试了以后，马上就要叫麦琪下次回去时帮她买胸罩。招娣开玩笑说："你妈妈会同意吗？到时还没买，全村的人都会知道了。"建英回答道："我让我爸爸给我钱，买好了妈妈就没办法了。"大家听罢都笑了起来。后来，麦琪每次回城里都会帮那些想要内衣的女孩子们买小背心或胸罩。没过多久，队里的好多女孩子都有了托麦琪从城里买来的内衣了。

买内衣的事最终还是瞒不过玉兰嬸。有一次，玉兰嬸在和一些妇女聊天的时候竟当着大家的面对麦琪半开玩笑地说："城里人来了好是好，让我们知道了好多事。可你们怎么把那些乱七八糟的东西都带来了？这些小姑娘都跟你学坏了，什么戴胸罩啊，用木盆洗澡啊……"她的话引起大家一阵哄笑。麦琪心里明白，玉兰嬸并无恶意，只是不舍得花钱罢了……尽管玉兰嬸一番数落，麦琪还是很高兴。她感到欣慰的是：这些农村女孩子开始了解城市人了，也学到了城里人的一些良好生活习惯。

六、秋天的收获

秋天是收获的季节。九月底，棉花开始绽开白绒绒的花，远处望去，田野上白茫茫的一片，在太阳下银光闪闪。刚开始的时候，麦琪以为白色的棉花是植物开的花，其实不是。棉花在夏收时节种植以后，生长速度很快，没多久就长到了齐胸高，双抢前后就开出粉红色的花，伴着绿色的叶子，非常好看。棉花是一种容易生虫的植物，为防治虫害，要在夏天对棉花做一次农药治理。由于棉花不是食用植物，所以用于防治棉花病虫的农药比较烈性，麦琪和农民们一起尝到了打农药艰辛。在闷热的夏季，哪怕天气再热，也都要穿长袖长裤，戴口罩帽子下地喷洒农药，不一会儿，衣服会被汗水浸湿透，每几个小时要休息一下。棉花开花后开始结出棉桃，成熟的棉桃绽放朵朵绒绒的白花，中间的褐色的棉花种可以用来做明年棉花的种子。

到了这个时候，农民就要开始忙着摘棉花了。当地人把摘棉花叫"捉花"。进入秋季以后，天气转凉，有时会连续几天降雨。如果不能及时把棉花收回来，地里的棉花和半开的棉桃遇到多雨的天气就会受潮发霉，棉花纤维的质量就会受影响。由于卖棉花的收入占农民收入的很大一部分，天晴的时候，农民会全力以赴把成熟的棉花收回来。

生产队在这个时候实行包工制，按每个人摘棉的重量来计算工分，用这个方法还真是调动了农民的积极性。到了棉田一片洁白的时节，农民们就会全家人全力以赴，每个大人都带上好几个布袋子摘棉花，孩子们会在家做饭，并且负责把饭送到田头。

麦琪和农民一起来到白茫茫的棉花地里，她腰里扎个布袋，把摘下的白棉花往里放，装满了就再换个袋子。开头两天由于不太熟练，摘得又慢又少，少挣了不少工分。为了减少中午路上的来回时间，麦琪有时候就在袋里装上几块云片糕或者压缩饼干，用来当午饭。那个时候天气开始凉了，手指不断地触碰干硬的棉桃壳，没多久手指尖就会干裂，甚至出血。每到黄昏收工时，麦琪布袋里的棉花装满了，但腰也酸得直不起来，干裂出血的手指钻心地疼。她真想哭，可是哭又有什么用呢？于是她咬着牙告诉自己：再苦也要忍着！

十月初，秋高气爽，摘好的棉花由会计过秤后记录好，然后就被装进麻布口袋里，打包成立方块状的棉花包，最后装车运往棉花收购站。在打包之前，棉花按不同等级分装在不同的包里，这样可以卖出不同的价钱。如果摘棉季节天气晴朗干燥，棉花的质量就不会因雨水受影响，棉花可以卖出好价钱。

生产队离棉花收购站约有五、六里路，麦琪所在的生产队没有拖拉机，只能靠人力拖车把棉花包送到收购站。装满棉花的拖车由一人骑着自行车在前面拉，后面有两人帮忙推。当地人把卖棉花叫"卖花"，年轻人都会争先地抢着去，因为他们可以趁这个机会出去走走。去的路上要走将近一小时，回来时是空车，可以轮流坐在拖车上。收购站在镇上，如果卖完棉花有时间，还可以逛一下那里的商店。

卖花是个美差，但不可能每次大家都一起去，因此队长就让年轻人轮流去卖花，麦琪也被分配去了几次。有一次，在去的路上，麦琪正与另一个社员在后面推，突然听到有人叫她，回头一看，啊，原来是小康！小康是麦琪的小学同学，后来到了中学里不在一个班，以后没见过几次面，也没说过话。在他乡能遇到城里认识的人，而且是小学同学，大家都很高兴。小康告诉麦琪，他是与麦琪同期下乡的，就在公社旁的一个生产队插队，这次也是出来卖花，他指着旁边的空拖车和两个农民说："我们刚卖完花，时间还早，帮你们一起把车推到公社棉花收购站吧。"于是，小康帮麦琪她们一起把装满棉花包的拖车推到了棉花收购站。

  棉花采收完，晚稻也差不多成熟了。走在田间一眼望去，成熟的稻田在秋天的阳光下闪烁着金光。稻田里稻穗低垂，谷粒饱满，看到这情景，农民们心里乐呵呵的。当地晚稻的亩产如果超过 700 斤，就是大丰收了。收稻的程序与夏季收麦时几乎一样，在稻田里割好了稻子，天气好的话就放在地里晒两天，然后捆好，一担一担地挑到打谷场。与打麦一样，先把稻子放在机器上脱粒，然后再用拍子翻打稻子上剩余的谷粒。秋天白天日短，因此有时也要开夜工。由于接下来种麦子和种油菜的时间没那么紧迫，再加上天气已经不像夏天那么炎热，因此劳动强度和体力消耗都没有像双抢时那么大了。

  晚稻中的一大部分是分配给农户的口粮。麦琪也和大家一样，分到了一麻袋谷子，这是全年口粮中的一部分。招娣和玲娟帮着麦琪把谷子送到不远的扎米场，经过两次不同程度的脱粒，雪白的大米就呈现在眼前了。麦琪以前在米店里从未见过这种颗粒饱满、外表亮晶晶的米。她把新米拿回家来煮了一锅饭，伴着猪油，再加一点盐，美美地吃了一顿。然后把新米收藏好，准备下次带回城时让家人一起分享。

  快过年的时候，玉兰孀听说麦琪要回城了，于是主动提出要帮麦琪蒸新米糕，说是要让麦琪带回去让家人尝尝她蒸的赤豆枣子新米糕。村里的人都说，玉兰孀是全村人里蒸糕做得最好的。麦琪就按照她的吩咐，去镇里买了红糖、白糖、赤豆、和枣子，去扎米场把米磨成粉，拿到玉兰孀家，还拿去了一些柴火，因为蒸糕要烧去不少柴火。

  那天，外面飘着绵绵小雪，大家没有出工。麦琪在玉兰孀家一边帮忙，一边和建英聊天。几小时以后，一盘大约直径一尺多，三寸厚的米糕做成了！那个蒸糕还真是漂亮，与赤豆混在一起的白色米糕上嵌着一粒粒的红枣，边上还露出一丝丝的红糖印子。麦琪高兴得不得了，她十分感谢玉兰孀，为她准备一个回家过年的礼物。麦琪把新米糕带回城里后，外婆和家人尝了玉兰孀做的米糕后都赞不绝口。

七、冬季里的艰辛

冬季是农田的休整期，地里的农活主要是农田管理工作，比如，给油菜地松土、给麦地施肥等。由于生产队里的大多数男劳力都去了城里的建房工程队，这个期间的许多农活，包括几项比较重的农活，都由妇女顶着干。

农田管理的第一项就是把河底的淤泥捞起来沤肥料。在冬日来到之前，农民们就在田边挖个大坑，割了许多草倒在里面，到了冬天，把淤泥从河底捞上来后盖在草上，开春以后就可以把淤泥底下腐烂的草挖出来当肥料。

挖淤泥需要先把一条小船划到河的浅滩处，船头和船尾处各站一人，每人把一种铁夹铲插到河底，然后把夹到的淤泥拎起来放到船上。船装满后，把船划到岸边，用粪勺把淤泥装进木桶里，再把木桶挑到放草的坑边，然后把淤泥倒进草坑里。

麦琪第一次是和玲娟搭档，一起去河里挖淤泥。小船离岸以后，船身在河中不断摇晃。玲娟的个子比麦琪小，但她从小做惯农活，力气大，能够夹起很重的淤泥。麦琪从来没做过这样重的活，站在船头心里就已经有点怕了，还要用铁夹去夹淤泥，就算是夹起了淤泥，提起来也很困难。玲娟看到麦琪实在力不从心，就对她说："你就站在船头不要动，保持小船不晃动就好，我一人来夹淤泥，慢一点没有关系。"就这样她们总算夹满了一船淤泥，完成了任务。可是到了下午，麦琪的双臂就抬不起来了，第二天早上一觉醒来以后，她几乎不能动弹，感觉浑身上下都疼痛。

接下来的第二项工作就是从船上卸粪。队里的庄稼施了一定数量的化肥，还要去买一些有机肥。装运有机肥的粪船来了以后，停靠在生产队附近的河边，船主要求在规定的时间里把粪卸完。粪船停靠的河边离田埂有大约二十多尺的距离，卸船的时候，粪船和田埂之间需要架一条一尺多宽的木跳板，农民挑着装满粪的粪桶，走过这条二十多尺长的跳板，才能把粪挑到粪池。

麦琪第一次被派去卸粪时，实在害怕挑着粪桶走跳板，于是向队长请求是否可以去做别的农活。可队长说，实在是时间来不及，如果不及时卸完船，船主要追加停船的费用。她安慰麦琪说："你不要怕，你挑粪桶的时候，装半桶粪就行"，麦琪只好壮着胆去了。当麦琪挑着粪桶，走在那条又窄又长的跳板上时，两腿一直在颤抖。她心里明白，如果跌下去，后果不堪设想。玲娟在旁边不断鼓励说："不要怕，眼睛朝前看，不要看脚下。"麦琪挑了几次以后，就不再胆怯了。就这样，麦琪闯过了又一个难关。

还有一项工作是挑堤开河。开河是当时农村利用冬季农闲时，借着河水枯竭的有利时机，对新规划的河道进行开挖，或者是对淤塞的河道或者原有的河进行拓宽和浚深。这样的工程一般都由公社统一安排。在冬季里，如果公社有了新的开河规划，就会要求每个大队定期派人去完成开河任务。这样，每个生产队就会在规定的一段时间里，派出部分劳动力去参加开河。

生产队里的大多数男劳力都很愿意出去开河，因为出去开河能多挣工分，而且伙食也是免费的。开始麦琪不明白，为什么那些小青年都愿意去开河，后来有个男青年悄悄地告诉她："你不知道吧？开河不但可以出去散散心，拿最高工分，吃饭不要钱，而且每天还有肉吃呢！"有个壮年男子甚至直截了当地对麦琪说："就是为了每天可以吃肉，也要去开河！"麦琪这才意识到，好多农民平时在家很少吃荤菜。

开河要出去十几天，由于队里男劳力不够，大多数妇女和女青年也需要参加，她们还要轮流每天给十几个人做三顿饭和打扫卫生。麦琪去过两次，亲眼目睹了开河的艰苦。农民们把泥土挖了装在竹簸箕里，一担一担地挑到堤坝上。有时遇到阴雨天，阶梯上不断打滑，一不小心就会摔倒。麦琪后来听说，别的公社有个知青就是在开河时从堤上跌了下去，腰椎骨受了伤，几个月都不能动弹。

麦琪去开河的地方挑了几次泥，每次最艰难的就是挑着放满泥的竹簸箕往坡上走，她会感到双脚站立不稳。几天下来，麦琪感到了体力不支。她向队长提出是否可以不出去挑泥，就帮大家烧饭，清理屋子，晚上帮大家烧热水洗脚。大家商量以后同意了麦琪的要求。小伙子们更是乐意，说他们喜欢吃麦琪烧的饭，特别是红烧肉。他们觉得麦琪烧的菜味道很好吃，还夸奖麦琪分饭菜时给的量多，他们可以多吃几块肉。听到这些夸奖的话，麦琪感到有点难为情了。

开河的地方靠海，那里风很大。十几天下来，经太阳晒，海风吹，麦琪的脸变得黝黑。有一次，麦琪在开河后回城，傍晚进家门时，外婆一下子没认出她。当后来意识到是麦琪的时候，外婆又惊又喜地说："啊，是小娘鱼回来啦！怎么晒的那么黑，都认不出来了呀。"家人们看着麦琪黝黑的脸庞，都笑了起来。麦琪赶快跑去照镜子，再看看家人们的脸，这才发现自己确实比以前黑了不知多少。

八、命运的转折

在农村插队落户的几年中，麦琪从一个毫无农村生活经验的少女成长为一个能吃苦耐劳的女青年。在年复一年的农田劳动环境中，在日复一日的起早摸黑的农忙季节里，麦琪一直在问自己：这样的日子还要熬多久？她一直想着：一定要寻找机会离开那个地方。

从到农村的第一天起，她就耳闻目睹了老知青上调的种种情况。老知青玲玲一直干了四年才被抽到公社办的企业；沈家宅队里有个老高中生，全靠劳动表现好，才被推荐去读书；徐家宅队里的一个男知青，因为父母的官复原职才被抽调上去；还有几个是因为认识了公社或者大队的干部被抽调去了社办或队办企业。旁边队里的一个老知青，来了六、七年后总算被抽调去读了卫校，据说他是知识分子家庭出身，每次抽调都没挨上，所以才等了那么长的时间。麦琪下乡的时间没有

47

他们长，抽调显然是轮不到的，而且她在那里也不认识大队或者公社里的任何一个人。

在一个初冬的夜晚，麦琪拿出了好久没有学习的英文书，熟悉的课本让她回忆起刚下乡时学习英文的情景。那时，冬天农活不很重，晚上回家能够抽时间学习英文，翻译练习可以通过信件交流请老师批改，她就这样坚持学习了一段时间英文。后来由于劳动强度逐渐增加，再加上农忙，繁重的农活迫使麦琪不得不停下了英语学习。不过麦琪觉得自己掌握了基本的英语知识和语法，老师也曾对她的英语语音发音有过肯定。于是她想到，英文知识也许能在农村的学校里派上用场。

她从老知青那里了解到，公社分管教育局的干部对知青比较友善，而且公社很多学校也非常缺乏各个学科的老师，有不少知青已被抽调去公社小学和初中代课了。麦琪心想：给这位负责人写封信会不会有用呢？她觉得必须争取每一个改变命运的机会，不能再犹豫，不能再等待，于是她决定去试一试。

到了夜晚，在昏暗的灯光下，麦琪鼓足勇气给公社教育局的负责人写了一封信。信中她介绍了自己学习英语的经历，提到了家中父母对教育的重视，强调了乡村教育的重要性，并表示自己有信心和能力做好一个英文代课老师，同时希望教育局负责人考虑她的要求。麦琪从来没有写过这样的信，也许因为决心已定，麦琪没有打草稿，一挥而就写完了自荐信。她想，自己已经尽了力，如果这封信不能起作用的话，也不会因为不去争取而留下遗憾。想到这里，她感到如释重负，心情格外轻松。第二天一早，麦琪就骑着自行车到大队部，把信投入了信箱。

信寄出以后，麦琪每天都在焦急地等待，盼望着奇迹发生。过了大概两个星期，当队长出现在家门口时，麦琪有了很好的预感。队长进门时脸上带着复杂的表情，她说："麦琪，刚才大队来通知了，说公社的教育局要调你去高中代课。"麦琪高兴得几乎要跳起来，心想："成功了，我成功了！"她连声对队长说："你让我去吧，我会感谢你的！"

队长知道这是公社的调令，生产队阻拦不住。于是她接着说："我知道你来了也有一段时间，应该让你走，可是你这一走，快年底了，谁来帮我们算账分红啊？要马上培养一个人也不是那么容易的。"麦琪说："你让我去，我会周日休息的时候来帮你做账，年终我也会回来帮你算账分红，今年队里的财务事项我一定会帮你完成的。"队长这时才松了口气。她告诉麦琪，在她休息回来做账时，队里会找个年轻人学习做账。

麦琪到了队里没多久就当了记工员。第二年，队里的会计要去担任公社的民兵干部，队里需要一个人做会计工作。村里的招娣、建英等人虽然读过初中，但她们不会打算盘，没有办法做会计工作。麦琪在小学时就学会了算盘的加减乘除，可以打得又快又正确，因此她有足够的信心做好会计工作。于是她自告奋勇地提出担任队里的会计，村民自然也一致同意了她的要求。担任会计没有额外的工分补贴，只是在需要做账时，或者有其它事情要处理时，比如在分柴和分粮时，可以不用下地干活而得到同等的工分。

麦琪担任生产队会计的几年中，村民对她的工作十分满意。麦琪做事耐心、仔细、认真，无论是在农忙时节分配柴草和口粮，还是平时在解决工分上的一些琐事中，大家都认为她秉公办事，毫无私心，因此对她十分信任。她在过去几年里多次做账分红，这次答应队长休息日时候回来帮忙，并且可以帮助分红和完成年底队里的财务事管理，队长也就放心了。

有的时候，人生的改变就决定于真正下决心的那一时刻，麦琪做到了！就这样，麦琪离开了农田，摆脱了艰苦的体力劳动，来到一所农村的学校，开始了她新的生活。

2023 年 8 月，美国

访波恩——贝多芬故居想起的……

麦琪儿

前几年去欧洲旅游路经莱茵河时,特意去走访了德国的重要城市波恩。波恩是德国西部沿着莱茵河畔的一座美丽的城市,从1949联邦德国成立直至1990德国统一,这里是联邦德国的首都。波恩所以吸引不少游客,很主要的一个原因是:她是德国浪漫主义音乐先驱贝多芬的故乡。

贝多芬的故居位于老城的一角,故居前矗立着一座贝多芬的铜像。这里是贝多芬的诞生地,除了介绍贝多芬生平的博物馆,还有一个音乐厅和剧院,德国著名的波恩大学座落在离故居不远的地方。

图1:波恩贝多芬故居

说起贝多芬，我不禁想起了很多年前引导我学习西方古典音乐入门的一位语文老师。

七十年代中末，我在农村的一所高中担任英语代课老师。当时为了加强英文的听力练习，我需要借用学校广播室的留声机听英文唱片。这样，我就认识了负责广播室的语文老师。

当时那所学校有不少从城里分配来的老师，这位教高中语文的老师也是其中之一。由于他喜欢捣鼓广播室里的留声机和喇叭之类的设备，学校广播室就由他负责了。广播室每天早上用来组织学生在操场上升旗和做广播体操，还在课前放眼保健操音乐，让学生做眼保健操。有时候校长会利用广播室给全校同学发通知，或者给全校学生开会。

除了当地的农村老师，城里来的老师大多数都住在学校的宿舍里。晚饭后大家都比较空闲，有时聚在一起聊天，有时听几个年轻代课老师拉手风琴、唱歌。语文老师会拉手风琴，他拉的大多是那些俄罗斯曲子，比如《三套车》《卡秋莎》《莫斯科郊外的晚上》等，后来知道他很喜欢西方古典音乐。那时，西方音乐渐渐开始普及，已经可以买到或借到唱片，大家都在慢慢地学习和了解西方古典乐。

我常常在晚饭后去广播室听英文唱片，渐渐与这个语文老师比较熟悉了。他除了让我用留声机，偶尔会介绍一些西方古典音乐。记得第一次听的就是柴可夫斯基《天鹅湖》中的音乐，我觉得很好听。虽然在这之前，在电视里看了苏联芭蕾舞团表演的天鹅湖，但是对西方音乐的了解仍然十分模糊。

有一次，语文老师问我是否喜欢贝多芬的交响曲，我说我不懂。于是，语文老师就把贝多芬的《第五交响曲》放给我听，一边放还一边讲解。渐渐地我开始理解了交响曲，了解了贝多芬，还了解了这部交响曲的时代背景和音乐大师的创作动力。

贝多芬的《第五交响曲》是音乐大师的名作，它也被称为《命运交响曲》。在贝多芬身体健康状况衰退、耳聋的时候，他立志要与命运抗争。他在写《第五交响曲》的第一乐章的时候曾经说过"命运就是这样敲门的（德语原文：So pocht das Schicksal an die Pforte）"，他用这样的短节奏旋律展开了震撼人心的乐章：

图2：《命运交响曲》开始的旋律

如音乐作家杨名望[1]所说的："这段开头的音乐可以理解为：生活中的矛盾，障碍和苦难，可以作为命运的象征，但是一个人应该使命运顺从他自己的意志，他应该成为生活和命运的主人，而不是听天由命。"语文老师说，我们每一个人都应该要争取掌握自己的命运。这可能是他根据自己的经历得到的体会，可当时我没有完全理解他的话。

后来我开始读有关贝多芬的书，在聆听了贝多芬的《第三交响曲》《第五交响曲》《第六交响曲》《第九交响曲》后，我慢慢理解了语文老师说的掌握自己的命运这句话的含义。

贝多芬的音乐渐渐把我带进了西方古典音乐的知识海洋里，我开始对古典音乐产生了浓厚的兴趣。以后我在这位老师的指点下，听了巴赫、莫扎特、马勒、柴可夫斯基、舒伯特、肖邦、里姆斯基、斯特劳斯、拉赫玛尼诺夫、格什温等欧美音乐家的作品，并学习和了解了他们的生平。多年以后，在一次城市广播节目古典音乐常识测试比赛中，我竟然得了第二名，还得到了一个小奖品。

爱音乐的语文老师以前学过俄语，也许因为这个原因，他爱用手风琴拉一些俄罗斯曲子。有一次大家聊天的时候，他说他的一大愿望是有朝一日能去俄罗斯看看，另一大愿望就是能去访问贝多芬的故乡波恩，当时好多老师都笑他说梦话。在那个时候，这些的确都是遥不可及的奢望，简直就和做梦一样。

好多年前，听说这个语文老师实现了去俄罗斯的愿望，去了莫斯科等地。后来听说他病了，现在也不知他在哪里。但无论如何我都想告诉他:"感谢你开启了我对古典音乐的兴趣,我已经替你实现了夙愿,帮你圆了梦——走访了音乐大师贝多芬的故居波恩。"

2023 年 9 月,美国

注释

[1] 杨名望:《世界名曲欣赏》,上海音乐出版社,1993 年。

哥哥的故事——谨以此文缅怀父母

夏 阳

中学毕业以后,哥哥被分配到黑龙江的小兴安岭林场工作。

那时父亲在位于安徽的五·七干校饲养场接受"劳动改造"。由于饲养场负责人不准假,他无法回来为哥哥送行。他在来信中除了鼓励哥哥外,还安慰母亲:"你谈到对儿子要远行的心情,总起来就是一句话:儿行千里母担忧。对吗?想当年,我十五岁去贵阳当学徒时,我的母亲也有这种心情。但本质上不同了,那时是在旧社会啊!"

哥哥为了让父亲放心,离开上海之前,在给父亲的信中表示已有了吃苦的思想准备,无论那里条件有多艰苦,也不会让父母亲失望,并且还附上了一首七律诗:

革命岂能做井蛙,雄鹰飞遍海天涯。
完兴山险云随雁[1],松嫩水急浪弃沙[2]。
地冻天寒偏育柳[3],风狂雪猛更发芽。
他年喜看北疆地,峻岭盛开烂漫花[4]。

(原注:[1]"完"指完达山,"兴"指兴安岭。"云随雁"是形容雁飞得高,"天高任鸟飞"。[2]"松"指松花江,"嫩"指嫩江,"浪弃沙"指历史潮流冲走无用的渣滓。[3]据妈妈说,北方也有柳,故写之。[4]这一句比较勉强,未考虑成熟,只好凑上再说了。)

一月初的一个阴天,天上飘着小雪,母亲和我去上海火车站送行。我们在挤满送行人群的月台上不断向哥哥挥手。当汽笛拉响的瞬间,送行的人群中突然爆发出了一片震天的哭声。母亲是个坚强的女性,她无法理解那些送行的人们,此时她转过脸来轻声对我说:"这些人怎么这么没有出息哪,当着孩子们的面哭什么嘛?"列车缓缓开动了,哥哥在车窗口不断向我们挥手告别,母亲和我也不断向哥哥挥手,看着他的身影随着车速提升渐渐远去……

送走了哥哥后,母亲在给父亲的信中谈到了送行的情况:"儿子乘622次列车去南岔,一列火车约有八节车厢知青和一节餐车。这辆车是专程送知青去黑龙江的,开车时间是上午11点10分。开车前有许多知识青年和家长都哭了。儿子表现得很坚强,始终没有哭。由此可见,我们的孩子很刚强。老师也说他不简单(因为许多男青年也哭哭啼啼)。"(母亲后就此事对哥哥说:父亲给他取名"刚",就是希望刚强。)在几天后的另一封信中,母亲谈到:"儿子走了之后,我总是想他,特别是每天下班回家,拿起饭碗就想到他。他离上海时,在火车上向我们招手的样子,一直在我脑子里浮起:他完全是一个孩子的脸。他怕我难过,始终勉强笑着和我招手告别。"父亲在给母亲的回信中谈到:"知道你们送走了儿子,这孩子走时的表现不错,我感到放心……老实说,这孩子走我也有点怀念,总是在身边十几年了,从小到大,眼见他长大成人,从不懂事到有些知识。孩子到边疆经风雨、见世面,我也就放心了。同你一样,我总希望他在边疆政治上、工作上都有进步,也能适应当地的生活。"

到了三月中旬,父亲在经历了长达近四年的造反派私设公堂关押(其间停发工资)、下放郊区农村劳动和干校改造后终于回来与母亲和我团聚了。按当时干校劳动期限不超过一年的惯例,父亲早在一年前就应该结束干校劳动,而且当时领导也已打算让他回来后另外安排工作。由于一些落井下石的无耻小人从中作梗,他们不顾父亲的健康已经出现了严重问题,早已无法坚持正常劳动,仍然用延长一年干校劳动来惩罚他。干校负责卫生工作的是以前从部队下来的J某某,此人没有受过正规的医科教育,但对病人的态度却很蛮横和恶劣。他以莫须有的"思想问题"为由只给开一些伤筋止痛膏,拒绝让父亲去医院看病。等到父亲回到上海后，病症已经被耽误得太久了。

不久后哥哥请假回上海照顾父亲。连续几个月，哥哥每天去医院陪同重病的父亲。在父亲住院的那段时间，他给我们讲解唐诗、宋词的一些名篇，其中有陆游的《诉衷情》：

当年万里觅封侯，匹马戍凉州。关河梦断何处？尘暗旧貂裘。
胡未灭，鬓先秋，泪空流。此生谁料，心在天山，身老沧州。

父亲热爱生活，渴望在结束干校的劳动后复出工作。而现在，他却因病魔缠身，因在有生之年恐已无法继续工作而感发了"心在天山，身老沧州"的百般无奈。

几个月以后，在疗程结束后，哥哥不得不回单位工作了。到了第二年春节，哥哥回来探亲期间，向我们讲述了林场的艰苦工作，也表达了他对生活的乐观态度。短暂的休假过后，哥哥不得不返回工作单位。

春天过后，父亲的病情开始加重。我们商量要让哥哥请假回来，但又担心那里的领导不准假，于是发了一封"父病重望速回"的电报。那天我去家门口接哥哥，他一见到我便一脸焦虑地问道："爸爸的情况怎么样了？"听完我的解释后，他才略微放下心来。

为了争取一线希望，我们常常拿着熟人推荐的中医开出的药方四处奔波，去为久病的父亲买药。然而，父亲的病情却一天天加重了。夏日过后，父亲被送入医院观察室。在那段时间里，母亲和哥哥白天在医院陪同父亲，晚上则由我守护在父亲的病床前。

哥哥前一次在家照顾父亲期间，在外祖父的指导下开始自学德语。父亲病重住观察室期间，哥哥利用陪同时间，借助字典翻译了德国作家施笃姆（Theodor Storm）的小说《晚开的玫瑰》和《茵梦湖》的片段。

秋天过去，父亲的生命进入了倒计时。我们每天都生活在担忧和恐惧之中。就在那段时间里，哥哥在一次交给外祖父的德语作业本后写下了一首五言诗：

久虑乾坤事，常悲父病沉。
苦读德意志，以此报国人。（注：这里的"德意志"是指德语。）

外祖父在批改完作业后感慨万分，也留下了一首五言诗：

日月依时转，有升自有沉。
挥涕批作业，新人胜古人。

我们每天都在默默祈祷，但令人害怕的那一天最终还是来了：深秋的一个夜晚，父亲陷入了深昏迷，尽管主持救治的姚孝恒医生（他是圣约翰大学的毕业生）和他的医务团队竭尽全力抢救，父亲却永远地离开了我们……

多年以后，母亲在回忆中这样写道："丈夫已经病入膏肓了。我和孩子们的心也在颤抖，我们仍然在努力照料丈夫，每天祈求上天给我们的亲人送来奇迹……那天晚上我赶到医院时，儿子守在病床前，丈夫已经陷入昏迷，后来经抢救无效离世。丈夫到死都不能瞑目，他有多少话要向亲人倾诉啊！儿子们轻轻地把他们爸爸的眼睛合上，让他安息……"

父亲去世后不久，哥哥又不得不回黑龙江了。由于林场发不出工资，林场知青都被转到电力公司基建队当了电业工人。在林场工作期间，知青们每天在冰天雪地中坐着雪橇往返于林区，中午啃点干粮充饥，连口热水都喝不上。到了电力公司，尽管仍然是露天作业，但工作和生活条件比过去有了较大的改善。

电力公司的工作主要是建造发电厂。林场知青转去的那会儿，公司正在佳木斯附近的山沟建造一个发电厂，在完成了那里的建设项目后，基建队搬迁到了哈尔滨市。哈尔滨是父亲 1950 年代初期学习俄语的地方。当年那里集中了来自全国多个高校的青年教师。在俄语强化学习中，俄罗斯籍教师一直称赞父亲的俄语发音纯正。这座父亲生前喜爱的、享有东方莫斯科美誉的城市会给哥哥带来什么样的好运呢？

在没有希望的年代，电厂的知青们下班以后经常聚在一起，他们用会餐、抽烟、喝酒、打牌来消磨时间，哥哥从不与他们为伍。他离开上海的时候带上了英语、日语、德语教科书以及两本中学的数学课本，用这些书籍打造了自己的精神家园。他在工作之余埋头自学外语和数学，阅读鲁迅先生的作品，思考国家前途和个人命运。他曾经在给我的信中以林则徐的诗句"歧路又岐空有感，青史凭谁定是非"表达对国家前途的担忧，也曾以"自强不息，奋斗到底"自勉和自励。

哥哥从小学起就受到母亲的严格管教，为了培养哥哥的学习习惯，母亲要求他每天写日记。那时父亲的学校工作繁忙，业余时间还为同事江景波先生（他曾在 1983-89 年担任同济大学校长）校对俄语的译著，但他仍然每天抽出时间阅读日记，改正日记中的错别字和病句。在小学期间，哥哥除了完成学校的作业外，还喜欢阅读《儿童时代》和《少年文艺》杂志以及《唐诗一百首》《十万个为什么》等少儿读物，从阅读中汲取精神养分。严格的家庭教育为他的中文写作打下了坚实的基础，无论在小学还是在中学期间，哥哥的作文成绩一直名列前茅。写作特长终于有了用武之地：他被电厂的宣传部门调去工作，从此便脱离了繁重的体力劳动。

在宣传部门工作期间，他在工作之余仍然坚持学习外语，曾经翻译过费正清（J. K. Fairbank）的《美国与中国》中的章节和日文《癌的秘密》（武田胜男、菊地浩吉著，1972 年改订第 2 版，其年逢父亲确诊癌症并动手术）的前半部（后者译稿曾承蒙复旦大学教授邓家祺先生指教和勉励）。部门领导曾经推荐他上大学（那时叫工农兵学员），但因名额被上级领导给了有关系的人而未果。部门领导为了安抚他的情绪给了一个中专名额，但他谢绝了部门领导的好意。一定要争取上大学，这是他矢志不渝的追求。

在 1976 年 10 月那个金色的秋天，拨乱反正的日子终于来到了……

哥哥在 1977 年底的高考中以优异成绩进入黑龙江大学。冥冥之中似乎有一种力量在支持哥哥——那是远在天国的父亲，他一直都在保护着自己的孩子。

在大学期间，他不仅因学习成绩优异受到日本教师的激赏，而且还在学校的学术刊物上发表过研究论文。大学毕业时，哥哥被分配到黑龙江齐齐哈尔的中档院校。他像当年父亲凭实力考上名牌大学而跃出底层那样，报考中国社会科学院研究生院外国文学系日本文学专业，取得36名考生中第一的高分。不料来政审者偏听偏信个别同学出于嫉妒而诋毁的"思想落后，只专不红"，接到的竟是记载高分却不明示理由的不录取通知。哥哥愤而投诉社科院。

外文所要求纠正，事后听说导师和行政主管两次飞赴调查，研究生院教务长力主量才录取，最终戏剧性地接口头通知（书面后补）赶上入学。毕业后，他成为社科院的研究人员，因他在中国文学评论方面的建树，曾经获得中央机关等联合举办青年理论工作者优秀论文奖。由于他极其出色的专业以及外语能力，曾经三次单独担任胡耀邦总书记会见日本作家山崎丰子的翻译。在改革开放后文坛社会尤为自由生动繁荣的1984—86年尽情活跃后，他作为访问学者应邀去日本从事研究，继而先后在京都市的两所大学执教，立命馆大学教授荣休后现为该校名誉教授兼特别任命教授。

外公晚年在他的回忆文章《我的两个外孙》的结尾处写道："苦难会使人沮丧沦落，也会催人发奋图强。人的一生由多种因素决定——素质、环境、机遇、努力，而四种因素中，努力，无疑是最重要的因素。《易经》说：'天行健，君子以自强不息'，只有自强不息，才可以把握住自己的命运。"正是凭着自强不息的信念，哥哥在他的人生道路上克服重重困难，在完成了一次又一次地敲开命运之门后，仍不断地迈向永无止境的人生目标。

2023年7月，德国

附记：父亲的背影 母亲的情怀
——读夏阳《哥哥的故事》有感

夏 刚

如烟往事，可堪回首。情文并茂，感慨良多。

接着《哥哥的故事》尾声的外公命题，作一承前启后的发挥。

外公在"大革文化命"的内卷中无奈靠边躺平期间，为排遣聊赖兼陶冶精神，教我下围棋，叫我陪手谈。其不费神的"卫生棋"加避冲突的"书房棋"，不久即对初生牛犊拜下风。我仅靠少得可怜的棋书打谱，棋力自然高不了多少。上大学后更无暇顾及，便打消了那份闲情逸致。

从北疆回沪探亲时，曾在福州路的上海旧书店偶见吴清源选集，因带钱不够而问能否买6册中的3册，被理所当然地回绝。来日后为弥补遗憾，买了不少该"棋神"之作。当年失之交臂的《黑布局》《白布局》，日后成了长子人生道路的起点。

我"润"日的最大收获，按"润之老人家"以人为世间第一可宝贵说，就是逃脱严打"超生波"的天罗地网，幸得一儿一女。父亲在天之灵若知夏家百年来始出千金，并命名为他拟给或得的女儿取的"雪"，当高兴得痛饮家乡的泸州老窖。

母亲在世时我雷打不动每年回国祝寿，一次夏阳碰巧日程有空而团聚。我再次感谢母亲督促我从小背古诗，幼时不甚用功却记性比我好的夏阳，当场以强凌弱打擂台。轮流发表没多少回合，就被咄咄逼人赶进绝境，为体面告饶只得反咬一口——"煮豆燃豆萁，豆在釜中泣。本是同根生，相煎何太急！"

三人哈哈笑，全家乐融融。此情可待成追忆，只是后辈难复现。一家只准留一根独苗，遂令兄弟姐妹根绝。我借变相自吹的野路歪诗"天下文章数三江，三江文章数鄢乡，鄢乡文章数舍弟，我给舍弟改文章"，末句改作"舍弟为我谱佳章"来赞此文，掌上明珠而孤掌难鸣的当今"小皇帝"则无从谈起。

"文革"把人变成鬼，改革开放把鬼变成人。父亲在白色恐怖下冒险率领学生争民主、争自由，红色统治下却难出国门而困死笼中。行笔至此忽然醒悟，来日后唯嗜好海外旅行，至今已游过51个国家、地区，除了青春有悔而竭力补回的动机，也有替51岁即早逝而无缘享此福的父亲代行的意义。

我40年来著述中有2项与此相关的发现，一是1986~89年在中、日发表的论文揭示日本战后文学和中国"劫（文革）后文学"头10年走向相似，指出其31年时间差吻合两国现代文学起点（1887年的二叶亭四迷著长篇《浮云》，1918年的鲁迅著短篇《狂人日记》），联系明治维新至戊戌变法间的30年，推断近代以来两国社会发展有约三分之一世纪的巨大差距。

此后日本从经济界起，有识之士及媒体注目该宏观"史诗韵脚"（语自马克•吐温言"历史不重演，但押韵"的造词），近年渐成共识、常识。日本泡沫经济破裂（1991）3旬前后，恐中国重蹈史诗级崩塌覆辙的舆论，更以各种数据论证轨迹重合。对此既自负先知先觉，又感叹不知不觉者错过借鉴。

母亲的首次出国，是孙子3岁上再添孙女之月。上年（1995）两国罕见地同步进入"国际互联网元年"，中国首富级城市对日发展差距呈缩小趋向，故她未像刘姥姥进大观园。但8年前我初来时被物质极大丰富和精神高度文明的震撼，依旧每每出现在大开眼界的赞叹不已中。

单是一尘不染的环境就如幻境，见灿烂星光映出无污空气昼夜澄明，母亲忆起从沈阳到上海不久在中学的语文课上，老师用本地话把"今天晚上，很好的月光"念作"今朝夜里厢，皎乖好格月光"。我不禁如鲁迅笔下的狂人，骤感"精神分外爽快"之余猛醒——"才知道以前的三十多年，全是发昏"。

母亲再来是千禧年从春到夏，在独门独院新居飘飘欲仙，知地皮属户主又增惊喜。她披露到1982年社科院给我分的北京劲松小区半地下狭小陋室，当我暂出时偷偷哭了。"梦里依稀慈母泪，城头变幻大王旗。"建政30多年后国家智库的穷窘待遇和顶层更迭的连续波乱，把我推向能容安居乐业的异邦。

乂一引以为豪的独创，是《东亚共同体的构筑》（与西口清胜教授合编著，2006）所收论文中，受中国人口地理分界的黑河—腾冲线启示，在地图上画三道斜线划分东亚的"三个世界"。"第一世界"是亚洲2次举办夏季奥运会的东京、首尔和新加坡间直线构成的"金三角"，正包含"亚洲四小龙"（韩国、台湾、香港、新加坡）的首富地带，及中国东南沿海地带。

2016～20年和长子夏冰联名发表的10多篇围棋历史及奥妙的论文里，又以20世纪以来棋坛"三国四方（日、中、韩、台）演义"的大师多生于该区域内（1940～50年代横扫东瀛的吴清源和十年来独霸神州的柯洁，是"中兴元勋"陈祖德等辈出的中国"棋都"上海南边的福建、浙江。台湾高手均在恰入圈内的富庶的岛西侧），阐述这一盘上游艺、智力竞技独兴盛于此与文化、经济、社会发达的相关。

儿子3岁时就对数字和文字兴趣浓厚，从书架上抽出的吴清源布局里行棋顺序标号引发好奇，经我稍指点就爱不释手地照书在棋盘上摆谱。又见到书报的对局记录，就因1局超过百手而更兴致盎然。只问过我关于打劫的规则，居然没几天就自学而得入门。我不亦乐乎地看他笑眯眯地摆子，也防误吞棋子。

小学时我像母亲命写日记那样，给这小棋迷效率手册，逐日记录当天打谱的局数和手数，并算出累计总数。成千、上万的新高不断推动意欲，到有象征意义的55万5555手（日语的5读go，同"碁"即围棋，及表示前行的英语go）后打住，而摆棋已成自觉的日课，我也偶尔打谱让他猜想高手的下步。

进林海峰（上海人，台湾籍，吴清源弟子，曾获职业最高位的名人）来日不久上的儿童教室后，实战经验更提高了棋力。远超出预想的是小学6年级在全国少年少女大赛夺冠，中学2、3年级又蝉联。几千名参赛者中登顶的决赛由公营电视台NHK播放全程录像，观赏儿子独占鳌头自然是心花怒放。

日本棋院机关报《围棋周刊》安排小学生名人对职业名人高尾绅路九段纪念赛（受4子，胜），整2版的观战记总标题居然是《父亲的背影》。破例陪去东京的我向记者讲述成材经历，提及自己发表过川端康成描绘秀哉名人引退棋的长篇《名人》，不料父子棋缘佳话节外生枝而有喧宾夺主之嫌。

日本人常言"孩子看着家长（多作'父亲'）的背影长大"，由此想起家中父亲背影总是伏案挥笔。我受潜移默化而25年来坚持每天以平均千字的速度写论著，孩子进我房间所见身影注定是敲电脑撰稿（换脑子时出屋）。儿子专注力超强"神童"时代即有报道，或许我将父亲的坚毅执著传了下去。

父亲批改我日记时，对暗怨妈妈独吞咸鸭蛋大为欣赏，开导委屈的母亲说：这么小就会用"独吞"，矛头指向老娘，别家孩子绝不可能。儿子刚进小学棋力已超老子，一次见我想悔棋，使劲按住我手，瞪着我童声童气地抗议"我不干！"陈毅对少年聂卫平的同样举动大笑，我则像父亲也感有出息。

母亲说孙子、孙女投胎好，这话当真。我生于日清战争爆发60周年纪念日，高考未中德语专业而学日语，是命定事业、生活跨两国。乳名"大雨"缘于生时倾盆天降，又暗合同年夏毛泽东《浪淘沙·北戴河》的头二字。末局"换了人间"适用于子女，他们所处的时间、空间绝无全民人祸浩劫。

外公若再活 2 年，见曾外孙在日拿全国少年冠军，会惊奇上世纪上半叶和近邻日本医生交手的围棋，下半叶 10 年动乱中教大外孙后无意插柳柳成荫，到本世纪再下代一举成名。母亲如延寿至今，能分享我迎来古稀之月的儿子献礼——蝉联朝日业余围棋名人战冠军，挑战连霸 4 届的名人得胜而登顶。

母亲晚年以上海食材丰富、人才云集为由，希望我们夫妇回沪养老、大孙子来此工作。我理解眷恋子孙之心而未置可否，但岂能定居或供职于食品难保安全、网络与世隔绝之地。她近 9 旬高龄离世，免遭了划地为牢的封城劫难，否则会庆幸子在外而母嘱有所不受，真要听从岂不叫她懊悔害了后代。

美国社会心理学家马斯洛的欲望阶层说认为，生理本能→安全→感情·归属→承认·评价→自我实现的 5 层次，循由低向高、逐级达成而递进。不妨补充"人往高处走"的常理——升至高境界者有另类"高处不胜寒"，国内头号文明都市的大众突陷饥渴、贫寒时的悲愤，就是不堪走回头路、吃二遍苦。

父亲曾任同济大学学生自治会理事长，投身反饥饿、反内战、反迫害斗争，实现小康后又为缺粮叫苦实乃倒退。小不点时曾爬到背上看他写学运风云题材的电影剧本，见"众学生□□□□地高呼：'要民主！反独裁！'"，以为斟酌未定的空格是考我成语，脱口而出"慷慨激昂"，博得刮目相看的大声叫好。

《三国演义》中夏侯惇连箭拔出被射中的左眼，怒吼"父精母血，不可弃也！"力斩敌将。父精、母血结合生出我们，寻根溯源须感谢外公在国民党搜捕时藏父亲于家中，也亏得国府败溃前上海市长吴国桢在同济门口阻拦"1.29"示威之际，被学生推倒后对蠢蠢欲动的军警人马大叫"不要开枪！"。

几十年来的霸王硬上弓"清污·清场·清零"，令我想到杜甫质疑"苟能制侵凌，岂在多杀伤"。《哥哥的故事》激活背古诗词的记忆，在此挂联暗含"行不得也，哥哥"的辛弃疾句"江晚正愁余，山深闻鹧鸪"。想称"青山遮不住，毕竟东流去"，又"欲说还休。欲说还休，却道'天凉好个秋'"。

"如今识尽愁滋味"后审视贤弟翻出的几首昔作，正可谓"少年不识愁滋味，爱上层楼。爱上层楼，为赋新词强说愁。"当年"小粉红"（渺小如一粒面粉般任人揉、令［谐"蹂躏"音谐语］的革/割命青少年）起底，但愿有警示后人的启迪，同时确有文学家常见的悔其少（早期）作的羞愧。

更遗憾被耽误黄金时段而悔少（寡）作，而立之年起的发表著述属挽回损失。幸好在日有书刊及国会图书馆论文网永存，不像中国网上动辄禁言、抹去信息积累。儿子今夏业余名人战连霸、名人加冕对局，有世界第 3 大报《朝日新闻》2 次以半版特报，4 局全程录像公开，人过留名的质、量都已超我。

马斯洛定为顶级欲望的自我实现，在我不止于发挥自身能力，也有通过子女继承基因而延续存在。儿子现在京都围棋道场执教，学子里全国个人、团体赛冠、亚军层出不穷。外公、父母和我们兄弟都置身教育领域，四代各在学海中扬帆久航，乃至创出桃李遍布中、日、德，实是值得记述的快事。

2024 年 9 月 10 日（中国教师节），京都

追忆外祖父的教诲

夏 阳

引 言

去年八月，同济大学经济管理学院举行了纪念我的外祖父百年诞辰的活动，表彰他在创办工程经济专业以及学院成立过程中所做的工作。日前接到校友办的电邮，希望我能写一篇纪念外祖父的文章。有关外祖父从事教育工作的情况，他在不同时期的学生们分别在各自的纪念文章中有过较为详细的介绍，在这里不赘述。外祖父在家里对晚辈的教育鲜为人知，在此记录外祖父和我在两个不同时期通信的一些片段，读者有机会从另一个角度来了解外祖父。

一、1971—1972 年外祖父在安徽歙县"五·七干校"期间

安徽歙县位于黄山脚下，历史上曾经称作徽州，这里出过许多文化名人，还以出产文房四宝和茶叶而驰名天下，可谓人杰地灵，物华天宝。"无产阶级文化大革命"（以下简称"文革"）期间，上海几所高校在歙县的红卫农场建立了"五·七干校"（以下简称"干校"），大批教职员工被轮流送往"干校"参加劳动。外祖父也曾在 1971 年到 1972 年之间被下放到那里，接受了将近一年的思想改造。

那是我进入中学后的第二个学年，相比第一个学年整天挖防空壕、进行军事化训练、讨论对刑事犯的判决，学校文化课增加了一定比例的文化成分。然而英语课文充斥"Go to the frontier"（注：到边疆去），

"Go to the countryside"（注：到农村去）一类政治标语，实在没有多大意思。我感兴趣的只有语文课本中鲁迅先生的一些作品和李白的诗。鲁迅作品不容易读懂，他笔下的阿Q是一个备受争议人物。从一个中学生的角度看，阿Q调戏小尼姑（"和尚动得，我动不得？"）而且性骚扰吴妈（"我和你困觉"），是个典型的城镇流氓和无赖。而当年"四人帮"掌握的舆论工具认为该作品反映的是封建社会中压迫（以赵太爷等为一方）与反压迫（以阿Q为另一方）之间的矛盾，作者是站在"哀其不幸，怒其不争"的立场来描写阿Q这个人物的。外祖父熟读鲁迅先生的著作，我去信向他请教这方面的知识。他在回信中从中国封建社会和人性特点的角度解读了阿Q这个文学人物，他的观点完全不同报上牵强附会的"压迫与反压迫"理论。现在回顾这段往事，不难理解当年舆论工具有意曲解的原因：暴力革命需要罗伯斯皮尔和阿Q一类的人。

我喜欢读外祖父的来信。他使用纯粹的白话文体，字迹工整，逻辑严密，修辞准确，语句洗练。读他的来信让人感觉在当面聆听他的谈话。在以后的通信中渐渐了解到外祖父早年的一些经历："记得'九·一八'事变以后，我先是仿照英国诗人拜伦的《哀希腊歌》写了一首英语的长诗，现在只觉得还有些水平，内容全忘记了。不久，青年会补习学校要演戏，我写了一个歌剧本，名《首阳山》，是采用伯夷、叔齐耻食周粟，饿死首阳山的故事。我的中学数理老师阎述诗[1]是个音乐家，还为那个歌剧的几首歌谱了曲，可惜后来没有演成。现在还记得其中一首歌是直接从《史记》上引用的，据说是伯夷、叔齐在饿死之前唱出来的。原词大致如下：

登彼西山兮，采其薇兮！
以暴易暴兮，何德之哀兮！[2]
神农虞舜忽焉没兮，我所安归兮！[3]
吁嗟徂兮，命之衰矣！"

外祖父的老师阎述诗先生不仅教学生数学知识，还用不同表演形式对学生进行爱国主义教育，影响了那一代青年学生。外祖父晚年给我的信中曾经抄录他的诗作《怀念恩师阎述诗先生》：

述诗夫子富才华，数理教师音乐家。
粉笔讲坛四十载，门墙桃李遍天涯。
强敌屈膝八年战，烈士血染五月花。
自古英哲多短寿，留得一曲后人夸。

日本人侵占了沈阳后，外祖父因家庭变故，无法继续读完高中。为减轻家庭的经济负担，他去一所电报学校学习收发电报，毕业后离开沈阳去北平电报局工作，开始了报务员生涯。工作之余，在偶尔读到了鲁迅先生的"有谁从小康人家而堕入困顿的么？我以为在这途路中，大概可以看见世人的真面目"（鲁迅：《呐喊自序》）之后，他觉得自己的人生经历和鲁迅先生早年的经历竟是如此相似，从此开始认真研读鲁迅先生的著作。

"干校"学员十几个人住一个大房间，每天早起、用餐或者出工劳动都有规定时间。有时收工以后还有政治学习和传达文件一类的活动。下放"干校"的有与外祖父年龄相仿的老教师，更多是一些年轻的教师。根据年龄和健康状况，外祖父的工作比年轻人轻一些。一次来信中他谈到被分配去看护山林，并且附录诗作《守山护林》（1971年9月，时在安徽歙县"五·七干校"下放劳动）：

秋风萧瑟秋色寒，山头独坐望群山。
万松阵阵频摇落，孤云悠悠自偷闲。
春暖秋寒成古今，熙来攘往即人间。
喜看稻穗黄遍古，衣暖食足盼次年。

据当地插队的知青介绍，当地农民入冬以后基本不下地干活，大部分人在家烤火取暖，烤火用的木柴都是上山砍伐来的。外祖父与他的"干校"学员们"守山护林"可能是在防止当地人乱砍滥伐。其实，乱砍滥伐的根源是贫穷，单靠"干校"的那些老年、体弱、有病的学员是无法制止这类事发生的。那时新中国已经成立了二十多年，而皖南地区仍然一穷二白。"干校"大部分学员都是高校教师，也是各种工程方面的专家，却被迫从事毫无意义的体力劳动。如果让他们发挥自己的专长，而不是以所谓的"劳动锻炼"和"思想改造"的名义体罚他们，城乡落后面貌肯定会发生很大的改变。可那时是"文革"，知识分子必须接受劳动改造。

读了中学课本中几篇古文，我开始练习写毛笔字、学画水墨画，写文章也喜欢用"之乎者也"一类的词。在寄给外祖父的一幅水墨画上还写了林逋的"疏影横斜水清浅，暗香浮动月黄昏"。外祖父在回信中谈了他的看法："学习国画也很好，但是要注意，国画往往有旧文人的那一套'孤芳自赏'的情绪，像林逋的那两句诗就是典型。林逋比较陆游还差得远了。陆游还想抵抗强敌收复失地，还写出过几首慷慨的诗，如'死去原知万事空，但悲不见九州同。王师北定中原日，家祭勿忘告乃翁。'而林逋躲在杭州，专门游山玩水，以'梅妻鹤子'自豪，是一个地地道道极其无聊的旧文人，所以千万不可欣赏他的那一套东西。"

1971年是"九·一八"四十周年。日本对中国的侵略以及中国人民反抗日本侵略是当时通信的内容。外祖父信中自述，"九·一八"事变发生后，东北军没有抵抗就让日本人占领了整个东北，占领区的同胞生活在日本侵略军的铁蹄践踏之下。外祖父是东北爱国青年，立志要去大学完成学业，要用自己的知识改造中国军队的武器，从而能够战胜日本侵略者。报考大学之前他听说同济大学设有军械系，入校后了解到，军械系未能开办，这样他就进入了土木系。那时东北籍同学组织了"九·一八篮球队"，立志勿忘国耻，外祖父和他的一些东北籍同学都是这个球队的队员。大学期间，外祖父因病不得不休学，回到老家养病。在经历了日本侵略者统治下的艰难生活后，他与友人秘密筹划路费，于1938年初逃离伪满，奔赴内地参加抗日。他在信中还附录了当年的诗作《离家》，其中有这样的话："宁砍一头掷虏冠，不开双目望降旗。忍看父老成奴隶？怒对冰天赋反诗。"在朋友的帮助下，外祖父辗转回到当时已经迁往内地的学校，继续完成学业。

1971年9月发生了震惊中外的"九·一三事件"：写进党章的接班人携家人和亲信叛逃苏联，结果飞机坠毁在蒙古的温都尔汗。在中央文件下达之前，人们悄悄传递这个消息。有人用"折戟沉沙"暗指接班人叛逃事件，"折戟"指接班人出逃时乘坐的"三叉戟"飞机坠毁，"沉沙"指飞机葬身沙漠。抑制不住兴奋的心情，在给外祖父的信中抄录了杜牧的诗：

折戟沉沙铁未消，自将磨洗认前朝。
东风不与周郎便，铜雀春深锁二乔。

这次叛逃事件公开后收到了外祖父的回信，他的看法是，叛逃事件虽然出乎意外，却也在情理之中。"文革"这场运动挑动了人与人之间的残酷斗争，毁灭了传统中国文化和中华民族的传统道德观，大量经济资源和文化遗产遭到破坏，人民也为这场史无前例的动乱付出了惨重代价。中国有句古话说："多行不义必自毙"，这种倒行逆施必有报应。回信中抄录了他写的词《枫·调寄卜算子》（因叛逃事件有感而作，1971年10月）：

飒飒起秋风，一夜颜色变。万绿丛中几片红，博得游人赞。
大雪降皑皑，叶落空枝干。环望亭亭满岭松，苍翠何鲜艳。

叛逃事件标志着"文革"的彻底失败：在揭穿了"形势一片大好"的欺骗后，剩下的不过是"叶落空枝干"的残枝败叶颓象。当时未曾想到的是，此后"文革"仍然苟延残喘了数年，直到1976年10月才以"四人帮"被抓而最终结束了。

二、1990年以后我在国外学习和工作期间

我于上个世纪八十年代后期来到德国，一个偶然的机会去了大学

学习机械学。以我当时的德语程度，还不能完全听懂专业课，考试成绩因此受影响。我的德语教师霍普特曼先生（他的祖父是德国文豪格哈特·霍普特曼，1912年诺贝尔文学奖的得主）来信建议我参加高等语言班。外祖父在给我的信中谈到："加工方法、金属材料学是两门叙述性的、没有多少理论的课程，考的差一些不足为奇，难得的是你数学考得一分，这很不容易"，然后又谈到学德语的事："我认为很有必要，中国人掌握技术科学的人不少，但德语真正达到高级水平的人不多。你在学习语言方面有天赋，应好好利用。很可能，对于你今后的事业来说，德语比机械更有影响……一个人应尽量'扬长避短'。"此后虽然没有机会进修语言，但我一直注意提高德语的会话和写作能力。十多年后，我去德国一所大学任教，外语知识果然起了重要作用。

1990年代德国高校开始增设"计算机辅助设计""有限元方法"等课程。我断定这些新方法今后必然会代替传统的经验方法，决定学习这几个方面的知识。外祖父支持我的想法，他来信谈到："我去南京路走了几家书店，买到几本看来是适用的书，……至于'有限元方法在机械学中的应用'，那是很专门的著作，国内恐怕无这类的书。以后我将随时注意，如发现有，当立即购买寄去。"我曾经在课堂上与个别思想保守的德国教授交换对新技术的看法，在信中批评了这些对新技术一概采取拒绝态度的德国教授，而且用词十分尖锐。外祖父在回信中告诫我："建议你除注意学习外，还要重视正确处理人际关系。一个人要在事业上有所成就，不只是要有学问，还要有良好的社会关系，要面对现实，从实际出发。世界上有许许多多不合理的现象，单是看不惯，没有用，中国传统讲做人要'外圆内方'，'坚而不脆'，很有道理。特别你是一个外国人，更要注意与周围的人搞好关系。要多发现别人的长处。孔子说：'三人行，必有我师'，要有这种谦虚精神。"以后多年的生活经验证明，外祖父的这些话是肺腑之言。

一次，在给外祖父的信中谈到，两德统一以来，德国在经济方面的主要挑战是：如何改善东德的工业基础设施和公用管理体系；如何解决东德企业私有化后的高失业率。面临暂时的经济困难，德国右翼分子开始冒头，甚至在学生宿舍都会感到某种日渐高涨的排外情绪。这些胸无大志的年轻人不去努力学习，为国家分忧，而是把一切经济困难归咎于外国人。外祖父回信表示："一个民族，象一个人一样，如果总是抱着优越感，骄傲自满，轻视别人，不虚心学习别人的长处，早晚要落后的。中国的古语'满招损，谦受益'实在是至理名言。一个民族、一个人总要多看别人的优点，多看自己的缺点，才会进步得快，但要做到这点，也不是很容易。"他对年轻人因受人挑拨而盲目排外的看法是："德国经济衰退，这是事实。许多德国青年不去设法振兴自己的经济，而把罪过推给外国人，这还是 Deutschland über alles（德国高于一切）的传统精神在作祟。"

在研究风机流体脱流现象的一个项目中，教授和我的意见不一致。他不赞成先根据流体力学特性建立数学模型，然后用实验数据验证模型的实证方法，对建立流体运动模型的方法嗤之以鼻。另一位机械学教授在课堂上公然宣称"数学无用"。对此外祖父发表了他的意见："你所说的两位教授，大概是从事实际工作太久了，已经失去理论研究的兴趣。按照目前学术的发展趋势，在社会科学中数学也正在起越来越重要的作用，更不必谈自然科学和技术科学了。说数学不重要，只代表愚昧无知。"二十多年过去了，数学确实在各个科研领域中发挥着越来越重要的作用。就拿社会科学的许多分科来说，没有数学模型、统计数据分析的论文难以在国际核心期刊上发表。

毕业以后，我去 H 教授那里继续学习，同时担任教授的教学助教。为了节省时间，在学校附近一个农民家租了一间约 8 平米的小房间住下，渐渐对德国农村生活有了一些了解。后来在信中向外祖父介绍了德国农村的情况：农业生产从播种到收割已经实现了机械化，农民们都是土地的占有者。从他们每天上下班、操作不同的农业机械的工作特点来看，又可以称他们为农业工人。对于我希望了解改革开放十多年以后中国农村的近况，外祖父来信介绍："我们于 10 月间去嘉兴农村住了一周,是一个外甥接我们去的。……我 1962 年曾经去过一次,那时家家住的破草房,大人、小孩都吃不饱。现在大不同,家家都盖起了砖瓦楼房,我们去的这个外甥家,一所小楼约 300 平方米,水电煤卫俱全,可见改革开放的政策威力之大。如果全国农村都达到了浙江农村的水平,那人民就算幸福了,不过恐怕至少还得 50 年。"对比前后二十年的统计数据,虽然全国人均总产值从 1995 年的每年大约 5 千元到 2014 年的每年约 4 万 6 千元人民币,几乎增长了近 10 倍,但农村许多地区恐怕还没有达到每家有 300 平方米水电煤卫俱全的小楼的标准。改变农村的贫困面貌,仍然任重道远。

那几年学校增设几个新的专业,其中有旅游管理、体育管理、媒体设计等,各系都在争取生源。结果,像机械学、电子工程这些传统的专业招不到好学生,新生大部分去了新开设的专业。我担任助教的交通信息专业,学生的质量一届不如一届。对于这些情况外祖父谈到:"德国青年不如老一代勤奋,这也是正常现象。生活过于舒服就不想上进,这是人之常情,这就叫做'生于忧患,死于安乐'。"接着又谈到国内的情况:"国内青年,在'一切向钱看'的大潮流下,九十年代也大不同八十年代。现在报考大学的,文科多于理工,而报文科的又集中在财会、管理、金融、外贸等少数几个专业。银行一般职员的待遇远远超过大学教授,还有多少人愿意搞学问呢?这也是人之常情。一千多年前司马迁就说过:'天下熙熙皆为利来;天下攘攘皆为利往'。"德国的情况何尝不是这样!企业中工程技术人员的待遇远不及管理人员,而在大学受教育期间,工程技术学科课程的难度远在其他学科之上。知识水平和工资待遇不成比例,越来越多的人不愿意从事技术工作。统计数据表明,2014 冬季学期入校新生中,仅企业经济和经济学这两个专业就占百分之 20% 强,相反,机械工程、电学和电子工程以及计算机工程专业占不到 19%。

对于中国如何走向现代化,国内外的学者发表过各类意见,归纳起来大致是:革命 v.s.改良、先发展民主与法制 v.s.先发展经济与教育。

外祖父的意见是："中国这样一个大国，不可能也不适合突然大变，只好逐渐改良。根本的问题还是提高国民的文化教育素质，而这又首先要求有过得去的物质生活，所谓'衣食足而后知荣辱'。"今天看来，这是比较可行的方法。

经常和一些华裔学者讨论"中西学的主要差异"方面的问题。外祖父来信谈到他的见解："最近看到一篇说中国学术的论文，我觉得很有启发。文中谈到中西学术的根本差异点：西方人求真；中国人求善。学与术不同，学是探讨事物的客观规律，没有目的性。术是把学应用于实际的目的。中国学术，特别是自然科学方面，有术而无学。中国很早有四大发明，但都是术。希腊很早出现了几何学、逻辑学等，中国都没有。一千多年前的中国祖冲之求圆周率到十几位小数，当时是世界之冠，但从来没有哪一个中国人想到过有理数与无理数的区别。中国人惯用科技一个字眼，其实科学和技术是两回事。英语、德语甚至日语中科学和技术是两个概念不同的词，只有中国把两者混在一起。"

由于健康上的原因，外祖父早已淡出学术研究，在家孤独地安度晚年，平时看一些闲书和电视节目消磨时间。按照中国大生日"过虚不过实"的习惯，这一年应当庆祝外祖父八十五寿辰。在给外祖父的生日贺信中除了介绍几个月以来的工作情况，还附录了工作之余偷闲写成的三首德语诗。外祖父在回信中谈到："8月16日，我的学生等十多人在一个酒家举行宴会，为我庆祝八十五岁寿辰。我真正感觉，揽天下英才而教之，实在是人生的极大快乐。"过去的学生们已经成为不同领域中的著名学者和专家，仍然自发地给进入耄耋之年的老师庆祝生日，这里体现出中国文化人尊师的优良传统。不难想象，对于学生们的祝寿，外祖父是深感欣慰的。外祖父在回信中接着谈到："你的三首德文诗，我看了多遍。我认为第二首最好，第三首也颇有风趣，第一首似乎简单一些。受到启发，我写了三首七律，寄你一阅。我认为唐诗发展到后来，七律是最美的形式，但很不容易写好。我逻辑思维

较发达,而形象思维不发达,所以写出的诗干干涩涩,诗味不多。"现录外祖父的三首诗,以飨读者:

外孙寄来生日贺信,内附德文诗三首,兴之所致,戏草七律三首以报。

(一) 文化大革命

大地无端起风雷,黑云压城城欲摧。
街头衮衮游高帽,深巷纷纷飘纸灰。
瓦釜雷鸣黄钟哑,凤凰憔悴老鸭肥。
朝廷自古多冤狱,更倩何人说是非。

(二) 秋兴

老去烦忧每自宽,八十知命亦心安。
花开花谢春常在,月满月缺古难全。
聋耳不堪接宾客,明眼尚耐览书刊。
古今万卷消长夏,萧瑟秋风又一年。

(三) 怀远方儿孙

少小南来辞故家,老楼淞沪览物华。
轻风枕上听黄鹂,细雨窗前望落花。
骏马萧萧驰塞北,雄鹰碌碌奋天涯。
五洲来日成一统,四世同堂漫自夸。

德国红绿两党在1980年代末组成了联合政府,新政府的执政目标之一是要把德国打造成一个拥有大量优秀人才的科学研究和技术革新大国。为了实现这个目标,高校肩负着培养高质量专业人才的重任。然而德国高校的状况是:管理机构臃肿、科研经费短缺、教学内容老化。中学本当为大学和社会培养合格的毕业生,然而几十年来,中学教育中加入了过多社交能力方面的内容,例如语言沟通能力、团队合作能力、社会交流能力等,而与逻辑思维有关的基础课程未能得到应有的重视,其后果是:越来越多的理工和技术专业新生因为不适应大学的教学而不得不转向文科专业或者终止学习。新政府虽然看到这些问题，但因为失业率居高不下，政府陷入了严重的财政困境，无力解决这些问题。红绿两党的联合政府声称代表劳动阶层选民的利益，为了引进高科技人才，不得不违背自己选民的意愿，广招外国的计算机专业人员，为他们在德国的长期居留发放"绿卡"。这些情况使外祖父深感意外，他在回信中发表了大段的感言："你所谈到的德国教师和学生水平低的情况，颇令人惊奇。德国传统的教育之严格，Gymnasium，Abitur，Vorprüfung（注：九年制文理中学、高中毕业考试、大学前期考试）等等，一向在世界上是驰名的。而今这样一个科学超级大国竟要从印度引进人才，真是不可想象。但细想起来，这也是社会的发展规律，'生于忧患，死于安乐'，个人、民族都逃脱不了这个规律。老一辈艰苦创业，小一辈耽于逸乐，事业自然就逐渐没落凋零。中国有句老话，叫做'君子之泽，五世而斩'。Faust（《浮士德》）中有两段话：'Nur der verdient sich Freiheit wie das Leben, der sie täglich erobern muss'（注：人必须每天争取自由，才会像拥有生命一样拥有自由），再有一段天使唱的歌词：'Wer immer strebend sich bemüht, den können wir erlösen'（注：我们可以拯救的，是不断努力进取的人），中国《易经》中有一段经常为人引用的话：'天行健，君子自强不息'。一个人也好，一个民族也好，如果骄傲自满，自以为是，停滞不前，必然日益没落。'自强不息'可谓是天道，不论自然界、生物界或人类，都不能离开这个'道'。否则，就要没落以致灭亡。"

我从大学毕业以后，一边从事高校的教学辅助工作，一边参与宇航局的研究项目。在两位导师的指导下学习硕士课程，以后又开始学习博士课程。在他们多年的教诲和帮助之下，经过不懈努力，我终于完成了博士学位。出国以来的努力有了结果，终于可以给家人一个意外的喜悦。外祖父在回信中写到："知道你得到格林威治大学的博士，我们都很高兴。……这就叫'有志者事竟成'。"这是外祖父给我的最后一封信。

结束语

  2003年6月外祖父去世以后，一位德国教授在给我发来的唁函中回顾了自1985年起他与外祖父的多次有关中国文化、哲学、政治和经济问题的讨论。他钦佩外祖父的准确阐述和精辟分析，至今记得外祖父对老子的"舌存以柔，齿亡于刚"的诠释。唁函最后写到："当年德国的《企业经济学》杂志向我介绍了您的外祖父——中国效率企业经济学的奠基人，同时也让我参与了您外祖父的一篇文章发表前的文字工作。这是我发表的第一篇真正有意义的文章。真想更经常地与他交谈，更多地向他学习，可惜现在已经是不可能的了。有这样一位睿智的外祖父是很大的幸运！"是的，出身在一个教师家庭，在成长过程中得到父母无微不至的关怀和外祖父的教诲，是十分幸运的。外祖父晚年曾希望我去高校工作，在为欧洲宇航局工作多年后，我最终回到德国，开始了高校的教学工作，了却了外祖父生前的愿望。

2016年6月，德国

注释

[1] 阎述诗（1905-1963），歌曲《五月的鲜花》的作曲者。1931年9月18日，日本关东军在东北发动侵略战争，占领了沈阳。1933年，日本侵略者策划成立了伪政权"满洲国"。当国联"李顿调查团"到沈阳时，阎述诗曾同其他爱国人士联名上书调查团，揭露日本帝国主义的侵略罪行（参见：百度百科词条"阎述诗"）。

[2] 外祖父记忆有误，"兮"应为"矣"。

[3] 外祖父记忆有误，"舜"应为"夏"，"所"应为"适"。

国外打工经历拾零

夏 阳

在德国，工科大学要求新生在入学前必须完成几周的工业实习。我在收到大学录取通知后，利用开学前的假期，前往一家中型塑料加工公司实习。这家公司的老板原本是一名普通工人，后来一边工作一边在技工学校学习，并通过了技工师傅考试。积攒了一些资金后，他开办了一个小型家庭企业。经过十多年的苦心经营，公司逐渐扩大，发展到拥有二十多名工人和十余名职业培训生（即学徒工）的规模。

公司的运营由老板一家人掌管。老板每天清晨准时来到公司，见到工人总会主动问好。他的儿子负责业务调配，除了给工人领班发工作单外，几乎从不与工人交流。领班接到工作单后，便带领手下的工人前往车间或工地施工。通常，工龄长的领班会分到技术含量较高的任务，而工龄短的则会分到条件较为艰苦的工单。在传统的德国企业中，有一条不成文的规定：等级最低的工人必须在下班后打扫车间。而实习生的地位还在职业培训生之下，他们不仅要在每天上班前做好准备工作，下班后还需打扫车间。这种整天从事搬运和清理一类的低级劳动，完全背离了实习的初衷。几天后，我请求老板安排一些技术活，结果第二天就被指派给一位技术工人当助手，跟随他前往施工现场安装各种塑料管道。

施工现场大多位于楼房顶层的通风机房或地下室的供暖房，这些地方常年没人打扫，稍有动作便尘土飞扬。这位技术工人有个习惯：每次到达现场，他都会一边吸烟一边查看施工图纸，总要在吸完两支烟后才开始思考施工方案。如果拿不定主意，还会自言自语地说上一大段。没过几天，我便掌握了焊接和安装管道的技术，能够按照图纸的要求铺设通风设备。后来在空间狭窄的现场，当他束手无策时，我常常能在几分钟内设计出一个既节约材料又节省时间的管道铺设方案。外出工作没有固定的午休时间，到了午餐时，我们会在施工现场找一块稍微干净的空地，铺上几张旧报纸，席地而坐，然后拿出各自的三明治和饮料，一边吃喝一边闲聊。

这位技术工人的年龄大约二十出头，在公司完成职业培训后成为正式雇员。作为出徒不久的新工人，他的收入加上外勤补贴，足以维持生活开销。然而，如果他不去完成技工师傅考试，在公司里几乎没有升迁机会。他和许多青年工人一样，生活缺乏明确的目标。白天来公司上班挣钱，晚上回家看电视、喝酒，周末则去酒吧买醉，与熟人闲聊、打发时间。他唯一的兴趣是买彩票，梦想着有朝一日能中头奖，成为有钱人。尽管中大奖的几率微乎其微，但他仍乐此不疲。

学校要求学生在实习期间写实习日记，并在实习单位负责人签字后交给学校的相关部门。每天我都会利用下班后乘地铁回家的时间记录当天的工作内容，周末再用打字机将一周的日记正式整理成实习报告。有一次，一位熟人读到我的实习日记时忍不住笑了起来。原来我在打字时犯了一个错：在本应写作"Übung des Schweißens（练习焊接）"的地方，因漏了字母"w"写成了"Übung des Scheißens（练习排便）"。我坦然告诉他，那次的实习经历确实和人体排泄物有些直接的联系。

那次，我和一位西班牙人前往大学医学院的放射科安装管道。我们的任务是在放射科住院部内安装一条用于输送放射性物质的塑料管道。医院方面一再叮嘱我们，沿着旧管道铺设新管道时一定要小心谨慎，因为如果不慎损坏旧管道，可能会导致放射性物质泄漏，后果不堪设想。为了防范意外事故，我们在进入施工现场前，穿上了医院提供的防护服，并佩戴了放射性物质探测器，然后开始工作。这个西班牙人牙很能干，每次都选择合适的位置布设新线路。为了确保安全，有时我们不得不拆卸病房里的马桶，在弥漫着排泄物（也即前面提到的"Scheiße"）的臭气中安装管线，最后再将马桶重新安装回原位。

这个西班牙人看上去五大三粗，起初我以为他是个没有文化的外国打工仔，但后来发现他喜欢读书，尤其熟悉西班牙语的文学作品。午休时，我们经常讨论诸如塞万提斯的《堂吉诃德》、马尔克斯的《百年孤独》及《一桩事先张扬的杀人案》，还有略萨的《胡莉娅姨妈和作家》以及《绿房子》等作品的文学特色。他来自一个贫困家庭，来德国工作不仅是为了挣钱补贴家用，也想为将来上大学攒点钱。他的愿望是：攒够钱后去学习经济管理，毕业后找到一份好工作，帮助全家摆脱经济困境。

后来，我在给德语教师的信中说起了这段实习经历，自然也提到了这个西班牙人。德语教师在回信中感慨道："即使在'工人阶级'中，也有受人欢迎的人：他们思想和行为健康，头脑清醒，乐于助人且富有同情心，能够为他人着想；他们求知欲强，谦虚谨慎，也许在某个思想领域或行为领域里非常出色，可能还具备音乐或技术天赋……也许正如这个西班牙人一样……我们应当选择这样的人为同事或朋友。"这个西班牙人正是老师口中那种"思想健康"和"头脑清醒"的外籍工人。

大学期间，除了在不同类型的企业打工外，我还在一家大公司有过流水线工作的经历。没有亲身体验过流水线工作的人，很难想象这种工作对劳动者意味着什么。在生产流水线上，劳动者被限制在一个狭小的活动范围内，按照机器设定的运转频率操作机器。他们必须从机器的原料输入口取下原料，完成加工后，将成品放入输出口。在难以忍受的机器噪声中，这种高强度、重复性的简单劳动常常将工人的体力推至极限。

有位喜欢发表见解的打工学生曾指出：流水线上的工作与电影《摩登时代》中描绘的美国1930年代的场景颇为相似：工厂主为了提高生产效率，给每道工序设定机器运转频率，劳动者必须按机器的节奏不停地工作。电影中的工人由于长期进行重复单调的拧螺丝帽操作，最终精神崩溃。这位学生认为，这种为"提高生产效率"而设计的流水线工作，严重摧残了劳动者的生理和心理健康。事实上，这种看法并非毫无道理。

流水线上的工人大多是年轻人，文化程度普遍偏低，几乎都是没有受过职业培训的体力劳动者。尽管流水线工作的收入高于其他体力劳动，但大多数人对这类单调的工作没有特别的热情。1980年代初，工人中流传着一句顺口溜："懒也好，勤也好，都拿十三块三毛（ob faul, ob fleißig, dreizehn dreißig）。"其中的"十三块三毛"指的是当时的小时工资十三马克三十芬尼。到了1990年代初，虽然小时工资已超过十六马克，但工人们的工作态度几乎没有改变。

一次在操作一台电焊机时，我注意到电焊机旁有一块木牌，上面镌刻着"Auf Risse achten（注意焊缝）"的提示，提醒操作者不要将带有焊缝的工件送往下一道工序。不知是谁刮掉了字母R的笔划"\"，将字母R变成了字母P，原本的警示变成了"Auf Pisse achten（注意小便）"。这个修改将技术问题变成了生理问题，或许是流水线工人发泄疲惫情绪的一种独特方式吧。

工间休息或午休时，工人们蜂拥至休息室，在匆忙吃下几口面包后，便开始闭目养神。由于体力消耗巨大，休息时工人们几乎没有语言交流，仿佛都在默默等待上工时间的到来。而在收工后，浴室则成为交流的活跃场所，讨论的内容多为低俗的"黄段子"，也有人喜欢炫耀健壮的肌肉或刺在身体不同部位的五花八门的纹身，当然也还有更加不雅和恶心的言行。一次下班排队打工卡时，一个小青年对着众人调侃道："Bandaffen sind endlich frei（流水线猴子终于自由了）。"在场的人发出一阵哄笑，似乎早已习惯这类玩笑，没有人在意这个比喻是否出格。

有一次，一个历史专业的打工学生一本正经地告诉大家：一百多年前，一位著名的德国政治经济学家提出了"异化（Entfremdung）"概念,这个政治经济学概念的大意是:劳动对象(即产品)对于真正的生产者(即工人)而言,只是一个异己的存在。在劳动过程中,工人的异化表现为"在工作之外找到自我,但在工作中却失去自我"。他提出了这样的疑问:在震耳欲聋的机器轰鸣声中,劳动者必须按流水线的节奏搬运和加工零件,他们想的是如何跟上机器的节奏,而对加工的工件毫无兴趣。这种单调且极度消耗体力的工作是否意味着:劳动者在生产过程中"失去自我"?实际上,大家心里都明白,虽然流水线工作辛苦,但它带来丰厚的收入。没有人愿意失去这个工作机会,因此自然也没人公开抱怨"失去自我"。

在打工即将结束时,另一个车间接待了一个来自中国的五十多人团队。他们属于一家国营企业,近期从德国公司购入了一条报废的流水线,此行的目的是学习操作方法,随后将整条流水线拆解运回国内。应德方项目负责人的请求,我担任了几周的技术翻译。在离开公司前,我特地去向项目负责人告别,并感谢公司给了参与中国项目的机会。项目负责人表示,若我日后有意加入公司,他们将乐意提供工作机会。

临近大学毕业时,我曾致信该公司,询问是否有合适的毕业论文题目。不久后,公司安排我与车间负责人会面,讨论相关事宜。当天,在场的还有一位经济管理专业的女学生。车间负责人首先介绍了车间的生产情况,随后女学生展示了她已完成的工作。她花了几个月的时间测定流水线工人肢体运动所需的时间,并以此数据分析每个流程的最小时间消耗。最后,她提出了一个优化工时的课题,涉及"有约束条件的多变量线性优化",目标是尽可能缩短工人的肢体运动时间。

乍一看,缩短肢体运动时间似乎能够优化生产过程,但如果将此优化用于提高生产效率,必然会增加劳动者的体力消耗。尽管当时急需收入,但我无法为了挣钱而违背良知,去做损害劳动者身心健康的事情。经过仔细权衡这个课题的性质后,我委婉地写信给公司,表示自己无法承担这一研究任务。

几天后,我意外收到公司的通知,另一个部门愿意为我提供毕业论文的题目。这次接待我的是公司的员工委员会，负责人是一位精明能干的中年人。他把我带到一间会议室，我注意到黑板上的一条标语："Wer Ärger sät kann die Ernte gleich mitnehmen（谁播种麻烦，就会收获麻烦）!"这似乎是在提醒人们不要做损害工人利益的事情。这让我更加确信，之前婉拒的那个课题会恶化工作环境，从而引发劳动者的强烈反对。

简单寒暄后，他提出了几个技术问题，如数控机床的参数优化、焊接机的噪音控制，并特别强调，解决这些问题有助于改善劳动者的工作环境。我当即表示愿意完成其中一个课提。我们一边喝着咖啡，一边在草稿纸上记录下其他可能优化的技术问题。

然而，我最终没有去那家公司完成毕业论文。恰好在那时，一位教授为我提供了一个更具挑战性的课题，并安排了一个学生助教的职位，这样就有了一份固定的收入，从而摆脱多年的经济困境。我最终可以一边做一些教辅工作，一边专心完成毕业论文。

二十多年过去了，当年打工的艰辛仍然历历在目。那时为了挣生活费曾经做过管道修理工、搬运工、机器操作工、仓库管理员、流水线操作工等等，虽然工作都很繁重，但由于对未来充满信心，所以能够坚持下来。在打工过程中，除了获得经济收入，还了解到了德国的企业文化，而且也接触到了德国的工人阶层——这些可以说是打工中的意外收获吧。

2015 年 7 月，德国

荷兰往事

夏 阳

一

1990年代中期的一天，上班时接到了老板的电话通知：几天后要去欧洲共同体的一家研究所，协助那里的研究人员完成一个重要项目。"老板"是研究生们私下里对导师的称呼。他曾经是一位实验物理学家，1970年代中期在德国一家核能研究所工作时，研究重点转向了海洋气候变化的数值模拟，从那时候起，一直活跃在计算流体力学领域。

当时，欧洲共同体的那家研究所正在组织一个大型研发项目，空气动力学及热力学部门负责其中的部分计算工作。老板来大学工作前曾是该部门的主任，尽管离开多年，但仍然与该部门保持业务往来。由于这层关系，老板争取到部分项目工作，研究生们也因此有机会与同行们进行业务交流。

该部门的现任主任曾经是老板的副手，因其出色的工作能力和精通多种语言（包括荷兰语、英语、法语和德语），再加上老板离任时的推荐，他顺理成章地接任了主任一职。这位主任来自比利时，是空气动力学的风洞实验专家，毕业于位于距离滑铁卢不远的冯·卡门研究院。滑铁卢是比利时著名景点，1815年，拿破仑率领的法国军队在这里败给了英国、荷兰和普鲁士联军。英语中有一句来源于这场战役的成语"我遭遇了滑铁卢（I meet my Waterloo）"，意思是"我遭到惨败"。

冯·卡门研究院创建于1950年代，由北大西洋公约组织航天研究与发展顾问团提议建立,是北约成员国出资建立的研究生院,时任顾问团主席的冯·卡门(Theodore von Karman,1881-1963)是研究生院的第一任院长。熟悉流体力学专业的人都知道,冯·卡门是国际著名流体力学家,也是中国学者钱学森(1911-2009)的博士导师。研究生院招收来自北约成员国的大学毕业生,学生完成研修课程和毕业论文后,根据不同的研修课程,可获得硕士或者博士学位。在西欧共同体国家,卡门研究院享有很高的学术声誉,其毕业生一般都能在大学或政府研究机构找到满意的工作。

由于老板与部门主任关系良好,凡是老板介绍的学生,主任都会安排下属热情接待。几天后,去部门报到时,主任找来负责计算设备的年轻人安排办公室和计算机设备,并由他负责项目对接。这位年轻人来自荷兰,年龄大约二十出头,身高约1米85,长着一头乌黑的卷发,为了方便叙述,姑且叫他"卷毛"吧。卷毛是研究所中最优秀的计算机专家之一,无论研究人员遇到多棘手的计算问题,他都能在很短的时间内游刃有余地帮助解决。卷毛做事非常利索,很快在计算机房隔壁的办公室里腾出一个小间,配备了当时运算速度较快的工作站,不一会儿就安排妥当。准备工作就绪后,卷毛介绍了项目的详情,紧张的工作随即开始。为了能够尽快完成任务,出差期间,每天早上9点钟就去研究所上班,除了午休四十五分钟和晚餐一小时外,一直工作到晚上10点,最后在巡夜的保安人员催促下离开办公大楼。

办公大楼中设有投币购物机,如果在工作期间感到疲劳,可以去投币机买矿泉水、咖啡、巧克力、饼干等饮料和食品补充体力。有一次在买咖啡时,恰巧身上没有足够的硬币,正准备离开时,迎面走来一位身材高大、体型微胖、衣着考究的中年人。虽然与他素未谋面,但他出乎意料地主动用英语问道:"你是中国人吗?"在得到肯定的回答后,他投币买了两杯咖啡,并递来一杯——这位中年人是马田先生。

马田说着一口带有美国口音的英语,他的优雅谈吐和沉稳举止显现出良好的教育背景和个人修养。由于他某个英语单词发音似乎略带德国口音，于是便忍不住用德语问道："您是德国人？"得到肯定回答后，大家改用德语交谈。马田主动提议："Wir können uns duzen（我们可以相互称'你'）。"在德语中，第二人称有"您"和"你"之分，前者用于称呼长者或者陌生人，后者则用于称呼晚辈或者熟人。马田这句话的意思是：我们可以像熟人那样互称"你"。看着他一脸诚恳的样子，脑海间突然冒出一个恶作剧的念头，想和他开个语言玩笑，于是便随口用英语反问道："Are you sure that I can call 'you' to you？"这是一句德语式的英语问话，意思是"你确定，我可以用'你'称乎你吗？"这当然也是一句废话：英语的第二人称没有"您"和"你"的区别，第二人称单数除了用"you"表达外，还能用其他的单词吗？听到这句问话，马田笑着说："Du hast aber Humor（你可是很幽默啊）！"。工作期间不宜长谈，于是大家约定午休时间在餐厅见面。

二

研究所有一个巨大的餐厅。与大多数企业或政府机关的餐厅不同，这家餐厅对外称为"Restaurant（饭店）"。餐厅仅在午餐时间开放，为将近千名职工提供服务。餐厅外有一个咖啡厅，早上7点到下午5点对职工开放。工间休息时，大家可以去那里喝咖啡小憩。据资深员工介绍，研究所最早的总裁是一位法国人，此人非常重视餐厅的质量，在他的干预下，餐厅有了现在的规模和优质服务。

餐厅内设有几个包间，专为总裁和来访的客人服务，每个包间都有独特的名字。总裁和客人们不必像其他人一样排队买饭，他们的午餐由餐厅工作人员根据订单按时送到包间。法国人普遍讲究饮食，那位前总裁也是一位好吃者。法语中有两个形容好吃者的词："gourmand"和"gourmet"，前者指追求数量的好吃者，也就是俗话说的"吃货"；后者则指追求质量的好吃者，也就是美食家。有一次，总裁招待客人用餐时，在场的一位外国客人用英语夸奖总裁："You are a gourmand（您是一位吃货）"。这位客人可能想表达"You are a gourmet（您是一位美食家）"，因为用错了词，总裁一脸不高兴。

到了午餐时间，马田如约出现在餐厅门口。跟随他来到饭菜出售桌前，一位外表硕壮、面色红润的中年大叔用荷兰语热情地和马田打招呼。这位身着白色餐厅工作服、头顶白色直筒帽的大叔是餐厅的大厨。出于礼貌，立即用刚学会的荷兰语"Goedemiddag（中午好）"与他打招呼。大厨高兴地给每人端出满满一大盘炸土豆条和一大块带血的烤牛排。

在饭桌上，马田不停地提各种问题，比如，来自中国的哪个城市？现在在哪里学习和工作？完全不考虑这些问题是否会让人尴尬或者不快。饭后，跟随他去了咖啡厅，大家一边喝着现磨咖啡豆调制的卡普奇诺，一边嚼着略带苦的味酒心巧克力，继续前面在饭桌上的谈话。马田简要介绍了自己的大致情况：毕业于德国南方某所著名大学，毕业后曾经在美国一家研究所工作多年，现在负责某个项目的组织工作。从他的介绍中得知，老板在这里工作时，虽然与马田不在同一个部门，但由于两人都是德国人，而且也同属于自由派知识分子，所以算是有共同语言的老同事。从那天起，每到午餐时间，便会与马田相约共进午餐，然后一起去咖啡厅喝咖啡。

马田兴趣广泛，喜欢阅读不同专业的书刊和杂志，尤其关心时事政治、世界经济和新技术的发展动态。他有一个比较特别的习惯：在讨论经济及科学技术话题时，总会从衣兜里掏出微型拍纸本和圆珠笔，随手写下几个关键词以及一串相关数据。他的语言表达能力极强，能用几句话和几个关键词，加上几个数据或者一张简单的示意图，将一个复杂的问题解释清楚。

工作了大约一个星期后，得出了令部门非常满意的计算结果，预定任务提前圆满完成。在离开研究所返回德国前，前去和马田告别时，他正在主持一个项目研讨会。为了感谢他几天来午休时请喝咖啡，留下了一张字条："希望以后还能见面"，然后便匆匆离开了研究所。

过了几年，在完成博士学位后，也去为这家研究所工作，与马田成了朝夕相处的同事。这似乎印证了一句德语成语："Berge begegnen sich nicht, wohl aber Menschen（山和山不相遇，人和人总相逢）"。随着时间的推移，渐渐与马田有了较多接触，对他以前的人生经历也有了更多了解。

三

马田出生在二战结束后的第二年。他的父亲是一所文理中学的教师，母亲与那个年代的大多数妇女一样，是普通的家庭主妇，马田在家里排行第二，有一个比他年长几岁的哥哥汉斯。他们一家生活在德国南方一座大城市，虽然四口之家算不上富有，但由于父亲是中学老师，有一份稳定的收入，母亲又善于勤俭持家，一家人的生活始终维持在小康水平。

他的父母与当地大多数居民一样信奉天主教。父母对子女的严格管束使得少年马田渐渐萌生了逆反情绪。高中毕业后，尽管父母一再劝说他上大学，但他不想在父母的屋檐下继续生活，便做出了一个令家人意想不到的选择：他要离开父母，去外面闯荡。在得到了德国电讯公司的职业培训岗位后，马田在离工作单位不远的郊区租下一间便宜的农家小屋，开始了独立生活。在职业培训期间，每天一大早，当大多数居民还在睡梦中时，他就必须搭乘早班公交车去上班。多年以后，他仍然能清楚地回忆起当年上早班的情景：在公交车里，有人翻阅迎合大众口味的《图片报》，有人闭目养神，上早班的乘客们似乎都在默默等待一天工作的开始。

德国企业高效运转的秘诀之一在于指令和服从，即上级向下级发出工作指令，下级必须无条件服从。此外，几乎所有企业都有这样的传统：学徒工必须提前上班，做好工前准备；在工作中，学徒必须严格按照师傅的指令干活；收工后，还必须打扫工区。马田是个不愿受人摆布的、有理想和有抱负的年轻人，他非常反感这种等级分明的企业文化，企业中的清规戒律像无形的枷锁，束缚了他的思想和行动自由，而每天早出晚归的学徒生活更让他感到深受精神上的折磨。

完成职业培训时，马田已厌倦早出晚归的、毫无挑战的无聊生活。他不愿意成为那个在他看来已"精神麻木的上班族"中的一员，在碌碌无为的上班和下班中度过余生。他认准了自己要走的路，再次做出了一个重要决定：去大学完成专业学习。他从图书馆借来高中和大学的数理化教材，下班回家后复习高中课程，并自学大学基础课，同时向几所大学递交了入学申请。几个月后，他收到了这几所大学的录取通知书。向公司递交辞职信时，人事部门的负责人对他的离去表示惋惜，同时也向他承诺：如果以后想在假期挣钱的话，公司随时都欢迎他来上班。

经过一番权衡，马田选择了某大学的航天技术专业。他将衣物和书籍装入几个大纸箱，叫来一辆出租车，装上所有行李，搬进了大学的学生宿舍。为了不向父母伸手要钱，他靠业余时间打工来负担生活和学习费用。大学毕业后，马田在一位教授的课题组得到一个助教职位，有了一份固定的收入。他觉得自己终于实现了父母当年的期望，于是便整理好个人物品，回到阔别多年的父母身边。

父母为他的归来感到十分高兴。母亲为他收拾了房间，特意在窗台上摆放了他喜欢的鲜花，并在小书桌上放了一张他的中学毕业照，房间里的摆设一如当年离家时的模样。看到母亲精心准备的一切，马田忍不住泪流满面。他为几年来未能回家看望父母、未能替二老分担生活担子而深感愧疚。

汉斯已在几年前大学毕业，正在一所中学担任音乐与宗教课的实习教师，不久就可以转正为正式教师。每到周末，汉斯总会邀请几个要好的同学来家里做客。这些爱虚荣的年轻实习教师无论在哪里，总爱在熟人和陌生人面前炫耀自己正在中学任教，不久将成为政府公务员。马田打心眼里鄙视这些只会自我吹嘘、时不时把自己是"政府公务员"挂在嘴边的自恋症患者，从不屑与他们为伍。他不愿像这些胸无大志的年轻人一样，在音乐和美酒的放纵中虚度光阴。

1970年代是科学技术飞速发展的年代。马田在完成博士学位后，很快得到了美国东海岸一家研究所的雇用合同。他辞去了大学的助教职务，带上简单的行李，再次离开父母，踏上了追求美国梦的征程。为了适应研究所的工作，他几乎每天加班加点，夜以继日地工作，连周末也泡在研究所的图书馆里，研读各种专业期刊上的研究论文。在短时间内，马田的业务能力和英语水平都有了飞跃般的提高。

然而，随着时间的推移，马田感到了未曾有过的孤独。为了排遣精神上的寂寞，每到周末，他会去市中心的一家电影院看一场电影，然后去附近的一家中餐馆用餐。有一次，他在餐馆的收银柜遇上一位态度友好的华裔女子——她就是马田日后的妻子露西。

四

露西出生在马来西亚的一个华裔小商人家庭。幼年时期，父母在同乡好友的帮助下前往美国经营餐馆，而她和两个年幼的妹妹则留在祖父母身边，由老人照顾。父母不在的日子里，露西帮助祖父母操持家务，并照看两个妹妹。随着姐妹们先后进入中学和小学，父母在美国的餐馆生意逐渐做大，平时靠省吃俭用也积攒了一些产业。于是，祖父母带着三姐妹举家移居美国，与孩子们的父母团聚。

与许多从事餐饮业的老一代华裔移民一样，露西的父母没有受过高等教育，他们的外语知识勉强应付餐馆的日常营业和平时生活中的简单会话，如果要和政府部门打交道，比如办理居留延长或填写税务报表，他们只能请求熟人帮忙或委托税务顾问处理。父母深知，要想让女儿们在这片土地上获得与当地人同等的工作机会，必须熟练掌握英语；要想过上衣食无忧的好日子，唯有让她们接受高等教育，融入社会并进入白领阶层。为了让女儿们接受良好教育，他们不惜支付高昂的学费，将她们送往当地的私立名校读书，真可谓"可怜天下父母心"。

来到美国后，露西目睹了经营餐馆的艰辛。为了减轻父母的负担，每逢周末和节假日，她都会去餐馆帮忙。无论是洗餐具、接待顾客、结账收款，甚至掌厨，她都能胜任。在女儿们先后完成工商管理学位并各自找到满意的工作后，露西的父母才放心地将餐馆交给可靠的同乡年轻人经营，自己则回家与年迈的父母——露西的祖父母——过起莳花弄草和颐养天年的退休生活。

露西的父母退休后，不再过问餐馆生意，有了更多时间与亲戚朋友来往。虽然女儿们都到了谈婚论嫁的年龄，但至今未能带回如意郎君。老两口希望今后能与儿孙们一起生活，便迫不及待地发动同乡朋友，在各自的熟人圈里为女儿们物色对象。功夫不负有心人，不久，亲友们就为露西的两个妹妹找到了未婚夫。

两家男方的家长都是中餐馆老板，未婚夫们也都毕业于当地名牌大学，并在附近城市的大公司任职。无论家庭出身还是教育背景，男方两家和两姐妹都很般配，不久他们便确定了婚事。姐妹双双出嫁，可谓双喜临门，露西的父母按照美国人的习惯操办婚事。他们选中一个节日，在自家的餐馆大摆宴席，邀请了一大批亲朋好友参加婚礼。当新人们轮番给家长和宾客敬酒时，老两口眼里噙满了幸福的泪水：大半辈子的操劳终于换来了女儿们的幸福。

露西大学毕业后，在外地的一家旅游公司找到了一份满意的工作。参加工作不久，她被派驻一家大型企业的办公室，负责给出差员工订购机票、安排住宿。一个偶然的机会，她在父母的餐馆核对账目时认识了马田。

马田是一位受过洗礼的基督徒，对待两性关系极为严肃。他看不惯当时年轻人中流行的试婚和未婚同居现象，在与女性的交往中从不越界。露西看中了马田对待恋爱和婚姻的严肃态度，经过一段时间的交往，双方确定了恋爱关系。露西的家人虽然对她的选择有所担忧，担心她未来可能会随马田回欧洲安家。但考虑到大女儿已错过最佳择偶年龄，而熟人圈子里一时也难找到合适人选，家长最终还是同意了这门婚事。

在婚后的生活中，马田不仅改掉了每天早晚去麦当劳、周末下馆子的生活习惯，他的胃囊也被露西的厨艺征服，开始喜欢上了亚洲风味的饭菜。夫妻二人各有一份丰厚的收入，除去必要的日常生活开销，还要偿还房贷、购买各种保险，每年的旅游费用也是一笔必要的开支，此外，还需要为养老积蓄一笔钱。马田听从了同事的建议，把多余的一部分钱投入股市，希望通过股票交易获取盈利。大概从这时开始，马田对金融衍生产品产生了兴趣。

1980年代后期，马田进入了不惑之年。除了长期工作带来的体力透支，他还必须面对研究所里的各种人事纷争，这使他感到心力交瘁。在追求科研成果的工作氛围和"hire and fire（雇用与解雇）"的职场文化中，马田的年龄优势正在逐渐消失。他意识到，随着年龄增长，潜在的职场风险正在步步逼近。

此时的马田早已不再沉湎于年轻时的美国梦，他断然做出了一个影响后半生的决定：在职业生涯的巅峰期见好就收，争取回欧洲安家落户。很快，马田在荷兰这家研究所获得了研究员职位，他与妻子一起辞去了在美国的工作，举家迁来荷兰。他们选中了一个靠近自然保护区的小镇，在一个约有百十户人家的居民区里买下一幢两层小楼房，把新家安在了这个舒适的环境中。

五

马田对新居和新工作都十分满意。新居位于一个小镇上，坐落在农业区与城镇的交界处。这里不仅生产粮食、蔬菜等农产品，还种植荷兰著名的郁金香花。镇上有各类生活用品的商店和食品超市，还有面包店、咖啡馆和饭店。新居距离研究所大约二十公里，沿乡间公路开车上班大约需要三十分钟。在研究所，马田负责新项目的组织和协调工作，凭借多年积累的专业知识和工作经验，他很快就能够轻松胜任新的工作岗位。研究所内设有健身房、游泳池、室内球场、桑拿浴室、网球场、高尔夫球场和酒吧，工作人员和他们的家属可以在业余时间去那里活动。马田经常在下班后或在周末加班后去健身房锻炼，并在桑拿浴室与熟悉的同事们交流信息。生活安定下来后不久，家里新添了一个新成员：儿子克劳斯的出生给这个家庭带来极大的欢乐。

马田刚来到研究所工作时，部门主任是一个荷兰人，为叙述方便，姑且称他为肖尔主任。这位主任业务能力强，擅长写项目申请报告，他提交的几乎所有项目申请都能获得批准。然而，肖尔主任脾气极怪，是个难以与大多数上下级同事相处的人。他对上级态度傲慢无礼，对部门里的其他研究人员百般挑剔。一次，因工作问题，他与一位上级领导发生了争执，不知为了什么，竟然骂上级是"idiot（傻瓜）"。由于肖尔主任和马田都喜欢坚持己见，而且也都得理不饶人，他们之间的关系一直不太和谐。

在国外工作，一般都要看老板的脸色行事。如果得罪了上级，可能会有不良的后果，轻则会被穿小鞋，重则可能被解雇。如果遇上一个不讲理的低能老板，即使下属再有道理，也应当避免和老板发生直接冲突。在竞争激烈的职场上，没有隐忍功夫的人往往难有职业前途，这有点类似中国人说的"受不了气，成不了大器"。

忍耐常常是职场求生的一种策略，但并非每个人都能冷静面对上司的无端训斥并忍受当众羞辱。在这个敢于无视上级并一贯藐视下级的肖尔主任手下工作的几年中，马田一直努力克制自己，避免在争论时失控。终于有一天，两人之间爆发了激烈冲突。事情的经过是这样的：那段时间，股市走势低迷，马田正为几天来的股价暴跌而心情烦闷。一天，肖尔主任不敲门就径直闯进了马田的办公室，这让马田感到很不舒服。他压着一肚皮火问道："为什么不敲门就进来？"肖尔主任非但不道歉，反而用挑衅的口吻反问道："到你这里用得着敲门吗？

你是谁啊？"马田听后不禁大怒，猛地大喝了一声："今天就让你知道我是谁！"说罢，这个身高1米85、体重100多公斤的壮汉从座椅上站了起来，一个大步跨上前去，伸出铁钳般的双手，抓住这个没有礼貌的家伙的衣领，狠狠地把他推出了办公室。

肖尔主任因对同事态度粗暴得罪过不少人，马田把他推出办公室也算为众人出了一口气。那天午间休息时，一些德国同事分别来到马田的餐桌前，争相与他握手致意，甚至还有人给马田送上了咖啡和酒心巧克力，其中的用意大家自然心照不宣。面对这般突如其来的热情，马田显得有些不知所措。肖尔主任自知无法继续在研究所工作，不久后找准一个机会与研究所达成了一项协议：他拿到一笔不小的补偿费后办理了离职手续，回家开自己的咨询公司了。

肖尔主任离开后，马田的日子好过多了。此后，他经常在众人面前重复一句话："你能享有多大自由，取决于你为争取自由付出了多大的努力"，并说这是德国文豪歌德（Johann Wolfgang Goethe，1749-1832）的名言。这话虽然有一定道理，但实际上马田误解了歌德。歌德在《浮士德》中的原话是："人必须每天争取自由，才会像拥有生命一样拥有自由。"大家后来多次发现，马田在引用文学名著时，常会加入自己的理解，从而修改了作者的原意。由于他经常用自己语言来解读文学名著，大家戏称他是德国文学的"修正主义者"，经他修改后的名言也被大家戏称为"修正主义版本"。

六

肖尔主任的继任者是德国人西蒙先生。西蒙属于研究所最早的雇员之一，如果仅论资排辈，主任位置非他莫属。

西蒙来自德国南方的一个小城市，由于父亲在二战结束前夕去世，母亲也在不久后病故，他在很小的时候就被送往一家孤儿院，在那里度过了孤独的童年。在成长过程中，他虽然没有流落街头，也没有挨饿受冻，但却从未感受过家庭温暖和来自亲友的关怀，更没有得到过其他人的帮助。经过个人的不懈努力，在顺利完成中学和大学的学习之后，他成了一家大型企业的实验工程师。不久，与一位企业主的女儿组建了家庭。

这个家庭和许多传统家庭一样，丈夫在外努力挣钱，妻子在家操持家务。几年后，家里先后有了两个男孩。尽管西蒙有一份不错的收入，但其中一大部分用于还房贷、支付各类保险和年度休假，所剩不多的部分难以满足太太的消费欲望。为了多挣钱，西蒙在研究所获得一个职位，举家迁往荷兰。他们在一处高档居民区贷款买下一幢房子，花了几个月把住房装修一新，并在院子里种植了各种花草树木。

西蒙太太在读中学期间，关系密切的女同学几乎都来自生意人家庭。她隐约感觉到，知识分子家庭出身的同学并未把她这个厂主女儿放在眼里，她时常为无法融入她们的圈子而耿耿于怀。后来有了孩子，她决心要把他们培养成律师、医生、教授那样受社会尊重的文化人。为了让孩子们受到良好的教育，她把他们送去一所离家很远的德国文理中学上学，除了每天开车送他们上学、开车接他们回家，周末还开车接送他们参加各类体育和文化活动。两个儿子很给家长争气，以优异成绩从中学毕业后，先后进入德国两所著名医科大学学习。毕业后，他们又去美国做临床医生，后来分别成为德国的心血管和微创外科专家，其中一人还同时在一所医学院担任教授。

每年圣诞节前夕，研究所的德国同事都会组织一次聚餐活动。每逢这样的场合，西蒙太太总会身着高级品牌服装、戴上价值连城的首饰，一身珠光宝气地随丈夫一起参加活动。在太太们的圈子里，她也总会抱怨儿子们不能回家过圣诞节，比如，老大新年过后要去美国参加国际会议，正忙于准备学术报告，老二过完节马上就有一个高难度的微创手术，正忙着制定手术方案。太太们对她以抱怨的方式炫耀两个儿子自然心知肚明，虽然感到有些别扭，心里也会有些不悦，甚至会有些嫉妒，但这家培养出了两个优秀的儿子，大家对西蒙太太多年来在孩子教育方面花费的心血还是很认可的。在这个家属圈子里，太太们受尊重的程度很大程度上取决孩子们的成就，似乎有点类似于中国人的"母以子贵"。

然而，这个令人羡慕的家庭竟然遭遇了一场意想不到的灾难。事情经过是这样的：西蒙先生喜爱体育运动，年轻时曾经是社区足球队员，来荷兰后仍然坚持每星期几次高强度锻炼。在一次体能训练后，他突然感觉右腹部剧痛，去医院急诊后被诊断为急性阑尾炎并做了阑尾切除手术。

手术后，他一直感觉腹部隐隐作痛，但几次复查都没有发现异常情况。由于医院床位紧张，西蒙不得不回家休养。在病休期间，有一次，西蒙在太太的陪同下去研究所报销医疗费用，当他出现在同事们面前时，他那副病怏怏的模样让所有人感到吃惊。

不久后的一天夜里，西蒙突然感到腹疼难忍，他断断续续地对妻子说："我可能熬不过去了……"西蒙太太急忙找来邻居帮忙，将他送往医院急诊室。值班医生未做仔细检查就认定这是手术后的正常反应，随即开了一点药就想打发病人回家。这下惹火了西蒙太太，她对着医务人员大声吼道："如果医院不收留我丈夫，我马上就以医院谋杀病人报警！"

当班医生被这气势震住了，不得不立即安排西蒙住院检查。在对腹部做 X 光透视时，放射科医生要求西蒙脱去腰间的皮带。西蒙太太赶忙解释道，自手术以来，丈夫一直穿松紧腰带的裤子，从未系过皮带，这让放射科医生感到问题严重。仔细检查手术部位后竟发现腹腔内有异物。医生们慌了神，急忙找来了手术医生。第二次手术中，医生从腹腔内取出了前次手术残留的一小块纱布。如果没有西蒙太太的坚持，后果不堪设想。

这次医疗事故很快在研究所传开。不久后，同事们又听说了另一起医疗事故：一位来自南欧的同事因中耳炎误诊和医生用错药物导致右耳失聪。后来还听说，多起医疗事故给个别年纪较大的同事留下了心理阴影，他们害怕遇上不负责任的庸医，一旦身体感到不舒服，宁愿自费去瑞士、德国甚至美国求医，也不愿在当地医院就诊。

七

西蒙先生所在的部门来了几个新人，他们分别来自法国、意大利、西班牙、葡萄牙和德国，被分配到不同的课题组，与研究人员一起做研究工作。马田组里的新员工托马斯来自德国南部地区。由于大家经常和马田交流技术问题，而且也会一起去餐厅用午餐，很快就和托马斯熟悉起来。

托马斯毕业于德国南方一所名牌大学，因为学习成绩优异获得读博士的机会。在读博士期间，他积极参加了一些非政府组织发起的环保及和平运动，由于精力分散，未能在规定时间内完成研究课题。工作合同到期后，他不得不暂时离开教授的课题组。后来经教授推荐，他申请到为期一年的出国交流奖学金，最后选择去芝加哥大学，在那里继续完成博士论文。

在芝加哥大学一位教授的研究团队中，托马斯感受到前所未有的活跃学术气氛。充满自由的工作环境让他感到心情舒畅，与同事们的交流开拓了学术视野，在短短的数月中，课题研究上就有了明显的进展。在那段时间，他认识了一位来自德国东部的女留学生玛丽娜，二人情投意合，不久便结为连理。

托马斯完成一年的交流计划后，玛丽娜也恰好完成了建筑专业的学习。为了积累建筑设计方面的工作经验，她在一家建筑事务所找到了一份工作，而托马斯则注册了一家公司，做起了计算机编程的服务工作。

"9·11事件"发生后，他们预计这一事件会对美国未来几年的政治和经济产生重大影响，而经济方面的不确定因素肯定会影响他们的工作和生活。经过深思熟虑后，他们处理了多年积攒的书籍、家具等物，卖掉了汽车，退了租房，带上几件简单的行李离开了美国。回到德国不久，托马斯完成了博士论文答辩，后经指导教授推荐来到研究所工作。玛丽娜也一起来到荷兰，不久便加入了几个年轻人在阿姆斯特丹合伙开办的一家建筑事务所，专做老城区的旧建筑改造项目。

也许在美国逗留期间受到和平主义的影响，托马斯反对一切形式的战争，对美国在伊拉克的军事行动颇有微词，而大部分同事则认为必须用军事手段才能消灭恐怖主义。在午餐桌上，大家经常就时政发表各自的意见，虽然观点各有不同，但都能理性地讨论问题。这方面的意见交流无疑给午间休息增加了活跃气氛。

一天，托马斯用电子邮件发来了生日晚宴请柬。到了周末，按请柬上的地址开车前往阿姆斯特丹。他家位于市中心的一个老居民区，在沿河的一幢三层楼房的顶层中，一间不到二十平米的小阁楼被装饰得非常舒适。那天到场的客人中，除了女主人的几位建筑事务所同事，还有研究所的几个与托马斯关系密切的年轻人。当主人开始致欢迎辞时，研究所的一个小青年调侃道："对不起，今天是来听报告的，还是来吃饭的？"一阵哄笑后，大家便自取食物，自由交谈起来。过了一会儿，托马斯用投影仪放映法国音乐家古诺（Charles-Francois Gounod，1818-1893）的歌剧《罗密欧与朱丽叶》。在场的年轻人似乎没有欣赏古典歌剧的雅兴，一阵反对声后，主人改放了当时正在电影院上映的电影《热恋中的莎士比亚》。

不久后，德国南方一所大学有一个教授职位空缺，托马斯的求职申请通过了第一轮评议。按照校方要求，他需要在第二轮评议中做一次科研报告。几个与托马斯关系良好的同事分别提供了各自的科研成果，大家都希望以此助他一臂之力，能够顺利得到这个教授职位。然而，事与愿违，托马斯最终收到了未能受聘的通知，对此大家都感到有些惋惜。有人曾私下里分析原因，认为托马斯的业务能力毋庸置疑，但他的外表和举止，例如一头粉红色的染发和鸟窝般的发型，会让南德地区的保守派人士看不上眼，而且走路时弯腰弓背、一副跌跌撞撞的样子，也会给人留下缺乏自信的印象，这些都有可能是未能得到教职的原因。

几个月后，研究所的许多项目下马，按照"后来先走"的规则，托马斯不得不离开研究所，去了一家咨询公司。几年后听说，他在荷兰一所大学得到了一个教职，开始了向往已久的教学与科研生涯。虽然多年来没有再和他来往，但在偶尔翻看当年的工作笔记时，仍然会想起和他共事时的一些趣事，也很想知道：他现在还是那么不修边幅，留着染成红色的乱草堆发型去给学生上课吗？

八

来自意大利的小伙子名叫弗朗切斯科，他有着意大利人的典型外表特征：结实的中等身材，一头乌黑的卷发。他特别注意衣着仪表，喜欢穿黑色的西裤、紫红色的衬衣，并在胸前衬衣口袋中插入一块白手绢，让手绢的尖角显露在外。

弗朗切斯科来自意大利北部的一个小城市，大学毕业后在德国的一家研究所工作，同时在职攻读博士学位。据他自述，他的指导教授对学生的要求严格，学生们必须定期报告研究进度，而且在每次报告会上，教授都会提出一大堆专业问题。四年合同到期后，弗朗切斯科并未完成毕业论文。来研究所工作后，他被安排在一个项目组，在法国人米歇尔的指导下做一些研究工作。

米歇尔来自法国南部一个小商人家庭，他父亲年轻时曾经是军队的下级军官，在1954年的越南"奠边府战役"中受伤后退役，之后在家乡开了一家小公司，经营一点小生意。在米歇尔的成长过程中，他从父亲口中了解到战争的残酷性。中学期间，他受到信奉和平主义的老师影响，逐渐成为有自由主义倾向的和平主义者。而弗朗切斯科则是个坚定地社会主义信徒，在讨论社会问题时，他们两人之间经常会发生激烈的争论。米歇尔常常在公众场合讥笑弗朗切斯科的社会主理念是一种"乌托邦",认为建立在这种理念之上的制度是催生懒汉的温床;弗朗切斯科则批判米歇尔的资本主义理念,称其本质是少数"吸血虫"对劳动者的剥削。

除了情绪化的言辞外,他们在争论中也会使用明显带有政治立场的术语或俚语,比如米歇尔常把"提高生产率"和"把蛋糕做大"这类的词挂在嘴边,而弗朗切斯科则使用意思完全相反的"提高购买力"和"公平分配蛋糕"一类的词。实际上,他们都没有太多政治经济学的基本常识,双方的政治立场几乎都是来自家庭的经济背景。

马田喜欢在一旁看热闹,在他们语言交锋时火上浇油。有一次,两人争执起了社会主义制度的优劣性,米歇尔认为社会主义的失败主要是制度上的原因,社会主义的绝对平均理念完全就是乌托邦;而弗朗切斯科则认为社会主义制度是一种优越制度,它的失败并非制度本身的问题,而是因为外部条件造成的。此时,马田讲了一个曾在东德流行的政治笑话。当年,随着社会主义制度日渐衰落,东德人总结出了社会主义的四大敌人,它们分别是:春天、夏天、秋天和冬天。这个笑话引起了在场人的一阵哄笑。把制度上的弊病和建设中的失败归咎于自然,认为失败皆因天公不作美,这是东德社会主义的一大特色。

弗朗切斯科似乎对自己的业务工作没有太大的热情,而喜欢在研究所里建立各种人际关系。他经常在工作时间到各个部门串门,找认识的同事聊天,与不熟悉的同事套近乎。有一次,在一个项目进展研讨会上,弗朗切斯科当着在场研究人员的面,对一个技术问题发表了一通意见,口若悬河地讲了一大堆"应该"和"必须"的措施。他的张扬态度让在场的人感到不悦。马田忍不住怼了他一句:"这个技术问题不是你这个'公关博士'能理解的。"马田的这番话让弗朗切斯科下不来台。从那以后,他再也敢不懂装懂,在众多专家面前大言不惭地班门弄斧了。

过了几个月,弗朗切斯科在完成实习后得到了另一个部门的工作合同。他平时在所里东游西晃,付出的公关努力最终有了回报。而与他同时期的几个实习生，包括指导他工作的米歇尔，无论业务能力还是行为举止方面，都比弗朗切斯科更适合在所里工作，只因为缺乏活动能力，不得不在合同到期后离开研究所，去别处寻找工作。

九

一连几天，人事变动成了午餐桌上的热议话题，发表意见最多的是一位实验物理学家，为叙事方便，姑且称他为马蒂森。

马蒂森来自德国北方的一个港口城市，这位物理学博士的专业是实验仪器的设计和操作。他是个对工作极端认真，但对他人的工作错误毫不容忍的人。由于他为人尖刻，尤其对那些投机取巧的人充满不屑，在研究所里，他的个性似乎与团队合作的大环境有些格格不入。

有一次，那个自以为是的实习生在午餐桌上说大话，引起了在场人的不快。马蒂森当着实习生面直言不讳地指出：在德国大学中，博士研究生退学无非有两种原因：要么业务不合格，要么人品不合格。他询问实习生为何无法完成博士学业，是业务不行还是人品有问题？还是二者兼而有之？他讥笑那个读博士半途而废的实习生"除了花费，一无所获"，甚至略带鄙视地称他为"肄业博士"。在德国，一个人要么是博士，要么不是博士，半途而废的所谓"肄业博士"不过是"loser（失败者）"的同义词。大家对这个实习生没有什么好感，也都觉得应该适当敲打他一下，让他收敛张扬的个性。但谁也没想到，马蒂森的语言竟然如此尖刻，完全不给实习生留一点面子。马蒂森的话使得谈话气氛骤然凝固，这时实习生尴尬地推说有事，灰溜溜地走开了。从此以后，实习生再也没有出现在德国同事的餐桌上。

一次，研究所请来一位科学家介绍最新的研究成果。当科学家提到他的团队最新得到的一个实验结果时，马蒂森敏锐地感觉到实验中的问题。在报告后的提问环节，马蒂森对实验装置和实验数据提出了几个比较关键的疑问。报告者的回答并未解开马蒂森的疑惑，于是马蒂森用不客气的口气说道："年轻人，回去以后先检验实验装置的测量误差，免得测出不可靠的错误数据，从而得出过于乐观的荒谬结论。"尽管他对实验装置的担心不无道理，但如此直言不讳，而且言辞尖锐，不仅令客人感到难堪，也让报告会的组织者和在场的听众感到有点尴尬。

马蒂森喜欢在谈话时挑对方的刺，这个吹毛求疵的习惯很让人讨厌。一次在讨论环保问题时，马蒂森对德国环保党的极端政策提出了尖锐批评。由于他的措辞过于情绪化，一位新来的德国同事好意提醒他保持冷静，讨论问题时不要因个人情绪偏离主题。马蒂森变得有些不悦，开始挑剔这位同事每句话中的措辞，不给对方发言的机会。这位新同事前不久以"summa cum laude（最优等）"的成绩博士毕业，是个心高气傲的年轻人，哪受得了这般戏弄，只听他突然大喝一声："Fischkopf（鱼头）!"不等众人反应过来，他便拿起桌上的调料瓶，往马蒂森的餐盘里猛撒了一堆调料，随即站起身来，头也不回地走开了。这位同事口中的"鱼头"是马蒂森出生地北德地区的俚语，意思是"Dummkopf（笨蛋）"。从此以后，只要马蒂森出现，大家在饭桌上都尽量避免谈论时事政治，特别是与环保有关的问题。

马蒂森在德国人眼中是个情商不高的"书呆子"，虽然精通自己专业领域的业务，但对其他方面的知识似乎不怎么感兴趣。一次在聊天中了解到，他参与股票交易已有数年之久。当时正是全球性的股市低迷时期，他投入的一笔资金暂时无法解套。他是个既聪明又固执并有些贪婪的人，也许正是聪明、固执和贪婪的组合导致了投资损失。在那段时间，他经常向炒股经验丰富的同事讨教对策。然而，在遇上股市低迷周期，即使股神来了也难在短时期内扭亏为盈。

十

经过马田的介绍，在德国同事碰面的午餐桌上认识了一位颇有绅士风度的长者——项目管理部门的审计专家埃里克先生。在以后的交往中,逐渐了解了他的工作经历。埃里克先生出生在二战结束后不久,父亲是一家公司的职员,母亲是家庭妇女。战后的最初几年,父亲因失业和健康原因一直没有工作,一家人失去了主要经济来源。所幸祖上留下的几处房产没有毁于战火,房租收入勉强维持一家人生活。

在埃里克上大学的最后阶段,欧洲许多国家的高校中爆发了学生运动。在德国的一些大学里,思想激进的学生因不满教职人员中仍有未被清除的纳粹残余,开始了罢课和冲击课堂的抗议活动。埃里克不想参与校园里的这些政治活动,他选择去图书馆学习,潜心研读各种专业书籍。

毕业后,埃里克在一家大银行的地区分行找到一份工作,开始了"早九晚六"的上下班生活。他在银行完成实习期后,由于业务能力突出,被安排到客户服务部门工作,负责为私人客户提供贷款咨询。这份工作收入可观,而且没有失业风险,一般人可能会在这个岗位上熬到退休。然而不出几年,这种单调的、无挑战的工作让他感到无聊。一个偶然的机会,他在报上看到了一则招聘广告:投资银行驻菲律宾分行招聘员工。他符合招聘条件,于是决定去试一下运气。

被投资银行录用后,埃里克在马尼拉分行迎来了新的职业挑战。在与客户的业务往来中,无论是口头还是书面交流都必须使用英语。由于有中学时期打下的英语基础,没过多久,他就适应了新的工作环境,可以轻松自如地用英语完成客户咨询工作。这份新工作不仅提升了他的业务能力,还带来了丰厚的收入,更重要的是,这段工作履历会为今后的求职提供良好的能力证明。

埃里克明白,要想有更进一步的职业发展,不能止步于银行职员岗位,他必须掌握比其他人更多的专业知识。虽已年近三十,但埃里克依然孑然一身,没有家庭的拖累,可以潜心学习业务。他从一家美国书店设在马尼拉的分店买来财务、审计和投资分析方面的书籍,花了大量业余时间补充这些方面的专业知识。

经过几年的努力，埃里克不仅充实了理论知识，而且还积累了丰富的工作经验。这期间，他结束了单身生活，与当地一位护士组建了家庭。妻子来自一个贫困家庭，是众多子女中的长女。她从中学毕业后便开始工作，担负起了抚养弟妹的责任。在埃里克夫妇的资助下，她的几个妹妹先后完成了护理职业培训，有了自食其力的技能。

菲律宾位于热带地区，属于亚热带海洋性气候，一年中有一段时间是湿季，另一段时间是干季。尽管在菲律宾生活多年，埃里克仍然难以适应当地的气候环境。他本来就没有打算长期在那里居住，有了两个儿子后，他希望儿子们能够接受德国教育，于是便开始寻找回欧洲的工作机会。

功夫不负有心人，经过几年的积极准备，埃里克终于在研究所找到了满意的工作，并带着全家回到了欧洲。凭借多年的工作经验和职场为人处事的技巧，他很快熟悉了项目审计工作，也与所里的不少德国同事建立了良好的私人关系。

埃里克和马田有相同之处：二人都有强烈的求知欲和进取心，也都有各自专业领域的丰富知识。马田有点恃才傲物，遇上不学无术却喜欢卖弄的人，他会毫不留情地当面嘲讽，完全不给人留情面。相反，埃里克懂得人情世故，在与他人交谈时用语温和，即使遇上令大家都讨厌的人，也从不会当面开销，让人下不来台。在与埃里克交往的数年中，从他那里了解到了许多职场生存的经验和教训，这些都是书本上无法学到的为人处世之道。

十一

住处附近的大城市莱顿是周末经常去的地方。走出莱顿火车站进入市区，穿过商业区的几家店面，前方一侧的一块空地是周末旧货市场所在地。这个旧货市场类似于德国大城市中的"跳蚤市场"，每逢周六，只要不是雨天，附近居民会在这里摆开货摊，出售家中不再需要的旧物。每次去莱顿逛旧货市场，都会在一个旧书摊上驻足，翻阅各类感兴趣的旧书，离开时买几本书带回家慢慢阅读。

有一次，在旧书摊上偶然翻到了一本德国诗人贝特格（Hans Bethge，1876-1946）翻译的中国古代诗集《中国笛》（Die chinesische Flöte），里面收录了几十首古诗的译文。当时并不知道这本译著有什么阅读和收藏价值，但在摊主一番花言巧语的劝说下，最后花了六欧元买下了这本书。许多年以后，在一次聆听马勒（Gustav Mahler，1860-1911）作品音乐会时了解到，这位奥地利作曲家的交响曲《大地之歌》（Das Lied von der Erde）的创作灵感正是来自这本译诗集。作曲家从译诗集中选出六首唐诗作为歌曲，创作出了共由六个乐章组成的交响乐。许多马勒作品的欣赏者不知道的是：交响曲中歌词的译文极不准确，很多地方完全不符合古诗的原意，例如，李白《悲歌行》的德语译文成了《哀嚎大地的饮酒歌》（Das Trinklied vom Jammer der Erde）。

如果用中国人的翻译质量标准来评判《中国笛》的译文，无论在信、达、雅三方面，译文质量都不能令人满意。例如，其中有一篇译自《诗经》的作品，题为《复仇》（Rache），德语译文如下：

"Weh!"lallte sie, "Hörst du den Hahn, der ruft?"
"Nein, "sprach er, "nein, die Nacht ist schwarz und tief,
Das war des Hahnes Stimme nicht, Geliebte……"
"Ich fleh dich an, steh auf, zieh die Gardinen
Beiseit und frag den Himmel, süsser Freund!"
Er sprang empor: "Weh uus! Der Morgenstern
Steigt schon am Horizonte bleich herauf……!"
"Die Morgenröte -, "flüsterte sie bang,
"Nun mußt du fort! Wie soll ich das ertragen?
Ha! Eh du gehst, nimm Rache an dem Unhold,
Der uns so grausam auseinanderreißt!
Nimm deinen Bogen, schieße diesen Pfeil
Dem Hahn ins Herz!"

这段德语描写了一对男女恋人之间的对话，中文的大意如下：

"唉！"她喃喃地说，"你听到那只公鸡在叫吗？"
"没有，"他说，"没有，黑夜深沉，
那不是鸡叫声，亲爱的……"
"我求你了，起来，把窗帘
拉开，看看天空，亲爱的朋友！"
他生气地跳了起来，"哎呀！晨星
已在地平线上苍白地升起……！"
"朝霞，"她不安地低声说，
"现在你必须离开！我如何忍受得了这一切？
哈！在你离开之前，向那坏蛋公鸡复仇，
它如此残忍地把我们分开！
拿起你的弓，把这支箭
射入那公鸡的心！"

《诗经》中怎么会有这么奇怪的诗篇呢？查询与"鸡鸣"有关的诗篇时，找到了《诗经·国风·郑风》中的《女曰鸡鸣》，其中的前六句如下：

女曰鸡鸣，士曰昧旦。
子兴视夜，明星有烂。
将翱将翔，弋凫与雁。

这几句诗描写的是一对新婚夫妇的对话，大意如下：

女子说："雄鸡已经开始啼鸣了。"
男子说："外面天还暗着呢。"
女子说："你起来看看夜色吧，星光正闪闪发亮。"
男子说："我去射点野鸭和飞燕。"

这几句优美的诗文经过德国诗人随心所欲的艺术加工，意思变成了：清晨的鸡鸣吵醒了睡梦中（似乎正在偷情？）的一对情侣，女子催促男子起身；当她拉开窗帘发现黎明已至，（可能害怕被人发现？）

于是急切地要求男子离开；她恨那个（扰乱了两人好事的？）报晓鸡，为了向报晓鸡复仇，她要求男子离开之前杀死它。显而易见，这篇随意杜撰的译文完全曲解了原诗的意思。

有几个小摊位上摆放看似来自中国的瓷碗、瓷花瓶等旧物。荷兰殖民者统治中国台湾地区期间，商人们从中国福建和江西景德镇购买了大量瓷器，荷兰窑师从中获得灵感，开始大规模仿制中国瓷器。可以不夸张地说，中国瓷器曾经对荷兰制陶业的发展产生过深远影响。尽管地摊卖主坚称他们的瓷器来自中国，但瓷器造假总会留下一些无法抹去的痕迹：从瓷器上的镜像体文字看，摊主叫卖的都是不懂中文的荷兰人制作的瓷器赝品。

十二

研究所有一个相当规模的员工俱乐部，分为两个部分：一部分是体育设施，包括室内球场、健身房、室内游泳池和桑拿浴室；另一部分是酒吧，提供各类饮料和三明治、披萨等简易快餐。

为了缓解脑力劳动的疲劳，大家经常会在下班后去俱乐部做些体育活动，完成一定的活动量后，泡个桑拿浴，然后在酒吧喝点啤酒。桑拿浴室约十多平方米，可供十来个人同时使用。蒸汽由红外线装置产生，温度保持在摄氏 40 度左右。在这种湿漉的热蒸汽环境中，呆上二十来分钟，当大汗淋漓时，立即去浴室用凉水冲洗全身，让身体急剧冷却，类似金属热处理工艺中的"淬火"，这就完成了桑拿浴。桑拿浴不仅可以改善血液循环，还能利用这段时间和熟人交流信息。桑拿浴室平时男女混用，只有在周末为员工家属开放时才分性别使用。在泡桑拿时，大家都会用一块大浴巾围在小腹以下，这样既可以避免汗水弄湿座椅，也能免去与裸体异性同事共处一室时的尴尬。

一个三十多岁的年轻人几乎每天都来桑拿浴室，为方便叙述，姑且称他为弗雷茨。弗雷茨出生在东德的大城市莱比锡，在那里度过了少年和青年时代。在他读大学期间，东德的一些自由派知识分子援引宪法中公民权利的相关条款，建立了一个名曰"新论坛"的政治组织，他们要求与东德当局进行政治对话。在这一要求遭到当局拒绝后，许多城市爆发了"星期一示威"活动，广大民众的参与拉开了两德统一的序幕。弗雷茨目睹了整个事件，但他似乎从未参加示威活动，也不愿意提起当年发生过的事。

有一次，大家谈起东西德统一，尽管弗雷茨没有公开反对统一，但从他那种阴阳怪气的言论中，在场的同事可以明显地感觉出，他眷恋前东德的社会主义制度。马田是个爱国主义者，也是个直性子，听不得反对祖国统一的言论。他用讥讽的口吻对弗雷茨说："你当年没和东德市民上街示威，对两德统一没有做出分毫贡献，后来跑来西德领'欢迎金'时，难道没有一点良心上的不安吗？"当年柏林墙开放时，西德政府发给每个来西德旅游的东德居民100马克"欢迎金"。马田鄙视那些领取了"欢迎金"但仍然反对两德统一的东德人，认为那些人不知感恩，不懂得珍惜自由。一位德国女同事也乘机调侃道："如果没有两德统一，你能来这里工作？能在下班后泡桑拿并且痴呆呆地注视女同事的身体吗？"弗雷茨被大家一番数落，脸上一阵青一阵白，说不出一句话来。

尽管他不再和大家谈论时事政治，但却总也改不了注视裸体女性的习惯。有一次，一位女同事被他直勾勾的眼神惹恼了，直截了当地问他是否对人体解剖学，特别是对女性身体的某些部位有特殊兴趣？由于他在桑拿浴时完全不顾异性的存在，从不用浴巾遮盖下体，马田甚至问他是否有"露阴癖"？是否在周末常去逛阿姆斯特丹"火车站对面一条街"满足身心愉悦？当时并不知道"火车站对面一条街"的含义。

不久后的一个周末上午，与马田相约去研究所的露天球场打网球。在网球场上来回奔跑和击球一个多小时后，大家先去冲了个澡，然后坐在酒吧的露天晒台上，一边沐浴初夏的阳光，一边喝着冰镇的荷兰海尼根啤酒，与在场的几个常来健身房的同事闲聊。马田不失时机地亮出一本新书，滔滔不绝地向大家介绍书中的新发现，并得意地秀出扉页上的英语题词："You should be as knowledgeable as me（你应当像我一样博学）"。正在纳闷是谁有这么大的口气时，一位鼻梁上架着玳瑁眼镜、体态臃肿的中年男子走了过来。他长着一张圆盘脸，穿着考究的西服，打着鲜艳的领带，皮鞋擦得蹭亮。在和众人简单打过招呼后，他便以调侃的口吻说道："马田又在贩卖批发来的货了。"他的话引来众人的笑声。眼前这位大叔正是送马田新书的那位。马田不好意思地急忙起身，很客气地请大叔坐下，随即便招来酒吧女服务生，请她给大叔端来一大杯啤酒。

这位大叔来自英国，在项目管理部门工作。他虽然只有管理学方面的学历，但对新技术的发展现状了如指掌，而且喜欢与熟悉的同事交流科技信息。大叔一边喝着啤酒，一边与大家闲聊，时不时会拿马田开涮。不一会儿，他看了看手表，说了一声"对不起，先走一步了"，随即便起身离去。身旁一位同事低声调侃道，大叔又要去逛"火车站对面一条街"了。后来经同事暗示，明白了"火车站对面一条街"是性工作场所的代名词，也即所谓的"红灯区"。这时才恍然大悟：原来同事们曾说弗雷茨常去那种场所支持"第三产业"。

十三

逛"火车站对面一条街"似乎不是一件光彩的事。奇怪的是，当同事们私下里毫无顾忌地调侃大叔时，在场的人中几乎没有人对此感到吃惊。这时，马田开始在众人面前卖弄学识：根据某社会学研究结果，西方大约有百分之四十成年男子有过这类支持"第三产业"的经历；在荷兰这样一个极度自由化的国家，它与毒品消费现象类似，反映了市场经济中需求与供应之间的关系。

在谈到毒品消费时，一对老年夫妇露出了不太自然的表情。后来经马田介绍，认识了这对来自德国的沃尔夫夫妇。沃尔夫先生退休前曾在一个部门担任主任，他的太太以前曾在一所国际学校担任德语教师，夫妻二人都是高尔夫俱乐部成员，也是酒吧常客。他们在研究所人缘良好，无论对熟人还是陌生员工都很客气，也乐意为新来的德国职工提供生活方面的咨询。

由于经常在酒吧邂逅沃尔夫夫妇，很快就和他们熟悉起来。在闲聊中，沃尔夫太太时常会提起她在无国界医生组织工作的女儿，并会介绍该组织在非洲各国为当地人提供医疗服务的事迹。不难看出，沃尔夫夫妇深为有这样优秀的女儿而到自豪。

熟悉这对夫妇的德国人都知道，沃尔夫太太对女儿的教育十分严格。为了培养女儿独立生活能力，她在很小的时候就被送到一所寄宿学校，与一些家长长期在国外工作的孩子们一起学习和生活。女儿在那样的环境中逐渐成长为有个人主见的、品学兼优的学生。由于从小很少和家长在一起，在本当得到亲人关爱的年龄不得不独自面对人生，他们的女儿与家长之间的感情一直比较淡漠。

也许在学校期间受老师们的理想主义教育影响，沃尔夫夫妇的女儿中学毕业后选择了学医，她要用学到的知识拯救世上的穷人。医学院毕业后，她先在一家大医院担任实习医生，在实习期满并获得行医资格后，她先后放弃了几家大医院提供的工作机会，申请加入了一支属于无国界医生组织的援非医疗队。一个前途无量的年轻女医生，甘愿放弃职业前途和物质生活，去生活条件和工作条件极为艰苦的非洲工作，大家对此都感到不解和惋惜，但也由衷地敬佩为理想而远赴非洲的举动。

后来听德国同事偶尔谈起，这对夫妇还有一个比女儿小几岁的儿子，他也在很小的年纪被送到寄宿学校学习。然而在上中学阶段，儿子和一些有不良习气的青年混在一起，学会了吸烟和喝酒，后来竟发展到染上了毒瘾。因为多次违反校规被学校劝退后，他经常趁家长不在家时，回家来拿走家里的钱和值钱的物品。家长发现这一情况后，及时更换了门锁，此后儿子便没有出现过。后来有人分别在阿姆斯特丹和鹿特丹火车站见过他们的儿子。据目击者回忆，他们的儿子已从一个相貌英俊的小伙子，变成了一个蓬头垢面、衣衫褴褛的街头流浪汉。

沃尔夫太太曾经对自己的教育方法十分自信，以为在女儿身上奏效的教育方法同样可以用在儿子身上。但她做梦也没有想到，在毒品消费合法化的自由化社会，家长如果放松对未成年子女的关心，放松了法律、道德、伦理和价值观方面的教育，后果可能会十分严重。如果年轻人经不起毒品的诱惑，一旦染上了毒瘾，有可能宁愿和瘾君子伙伴们露宿街头，也不再愿意回到家长身边。

十四

荷兰人常以他们的自由化社会为自豪，其中也包括对某些毒品消费的相对宽容态度。在与荷兰同事谈论大麻合法化时，他们的主要观点是：人们出于各种不同原因消费毒品，比如，有人为了减轻疾病带来的痛苦，有人为了缓解极度的精神压力。在荷兰这样一个开放社会，完全禁止毒品流通几乎不切实际。既然无法禁止毒品流通，还不如允许一些对人体危害较轻的"软性毒品"有条件的合法消费，比如只能在规定的场所消费。

德国同事威廉姆的太太是内科医生，同时也是一个非政府组织的成员。这个组织专门为戒毒机构和吸毒者提供帮助。如果警察在出警时发现有需要救助的毒品吸食过量者，他们就会与这个组织取得联系，请求戒毒医生前往事发现场对吸毒者进行紧急救治。在荷兰，尽管人们都清楚，毒品会对吸食者的身心造成严重损害，但仍然有人陷入毒品消费的泥潭。然而，在吸毒者因犯毒瘾面临生命危险时，一些专业医务人员仍然会尽力提供帮助，这体现了自由化社会中的人道主义精神。

马田了解英国东印度公司曾经在中国和印度从事鸦片生意、毒害当地人民的历史，深知毒品消费会给一个社会带来怎样的灾难。他认为对毒品消费的宽容可能会导致毒品泛滥，因此支持在申根区国家的边界实行严格的毒品检查，以防毒品走私贩把违禁品带入这些地区。

在荷兰工作期间，有时会在周末返回德国休息。在阿姆斯特丹驶往德国的火车上，经常会遇到荷兰警察对乘客进行例行检查。他们除了查看乘客的身份证件外，还会让缉毒犬检查乘客是否携带毒品。有一次，在驶往德国的火车上，正遇上例行检查，一条缉毒犬盯上了邻座的一个德国小伙子。面对警察的询问，他坚称自己没有携带毒品，也没有消费过毒品。当警察了解到，小伙子前一天晚上去过阿姆斯特丹的一家酒吧后，只是查看了他的身份证并记录下了个人信息，就不再继续追究了。估计这个小伙子只是去过允许合法消费毒品的酒吧，身上并没有携带毒品，所以没有违反毒品管理规定。

在德国，人们对毒品消费的看法普遍比较保守。在那段时间，德国媒体曝光了一家足球俱乐部的教练涉嫌毒品消费。由于此事涉及到该教练及足球俱乐部的声誉，一家电视台特意邀请了这位教练参加一个相关专题的脱口秀。在节目中，足球教练信誓旦旦地表示自己"从未吸食过毒品"，并对"媒体造谣"愤愤不平。然而令人意外的是，在几天后的一次毒品检测中，有关部门从教练的头发中检测出了一定含量的可卡因。迫于舆论压力，教练不得不被迫辞去了工作。

在对待毒品消费的态度上，两个毗邻国家存在显著差异。德国长期以来由保守的基督教联盟主政，保守派政治家对毒品消费普遍持反对立场，这一立场也得到了像马田这样的自由派知识分子的支持。在很长一段时间里，毒品消费一直都是敏感话题。直到进入新世纪多年以后，这一话题才开始在德国电视的讨论会中不断被提及，人们对毒品消费的态度也发生了一些变化。许多年以后，在一次电视访谈中，当那位足球教练被问及吸毒经历时，他只是尴尬地回了一句"上次出了差错"，随即便岔开了话题。

十五

一次偶然的机会，从互联网上查到阿姆斯特丹有一家中文书店，于是决定在周末去那里买书。从阿姆斯特丹火车站正门出来，转向东南方向，走过一座桥后向南进入市区。沿内河岸右侧前行，这就进入了"火车站对面一条街"。这时进入眼帘的是一排玻璃房，里面坐着一些穿着露骨、搔首弄姿的女性，这是西方这一类"第三产业"的典型特征。走出这一片扎眼的红色地带，前面是几家亚洲超市的店面，河对岸就是那家中文书店。

这家书店的老板来自香港，多年前，他在海牙和阿姆斯特丹各开了一家中文书店。进入千禧年后，随着互联网的兴起，纸质书生意变得越来越难做，他不得不关闭了在海牙的店铺。在和老板的聊天中可以感觉到，他受过良好的中文教育，可以熟练地地用普通话交流，对中国文化也有较深入的了解，而且还熟悉港台地区以及国内的政治动向。

这家书店出售来自中国大陆以及香港和台湾地区出版的中文书刊，其中有中国古代和当代的一些名著，以及港台地区出版的时事政治方面的杂志，还有少量世界名著的中文译本。书店的常客大多是当地从事餐饮业的华人，他们感兴趣的主要是港台地区出版的杂志和海外出版的有关大陆时事政治的通俗书刊。

认识了书店老板后，经常会在周末去逛书店。每次去书店都会先翻看一阵新书，离开的时候买上几本选中的有关文化和历史的书带回家。有一次，偶尔在一个角落里看到了小说《金陵春梦》的第六、第七和第八集，在翻看时不禁想起了"文革"中的读书经历。

"文革"十年是全面禁书时期，除了一些红书外，几乎所有"文革"之前出版的书籍都成了毒草。在那个没有书读的年代，伙伴们只能在家发掘"文革"初期造反派抄家时未被掠走的残存书籍，私下里互相交换传阅。当年大家比较喜欢的读物中就有香港资深报人唐人（严庆澍，1919-1981）写的演义体小说《金陵春梦》。这部小说最早发表在香港的一家报纸上，大约在 1958 年，中国大陆出版了前三集（〈郑三发子〉〈十年内战〉〈八年抗战〉），属于供给一小部分人阅读的"内部发行"书刊。

初读这本书时，曾对这本书里描写的内容深信不疑，甚至经常把书里主要人物的不雅口头语"娘希匹"挂在嘴边。直到"文革"结束后，才从不同的文献中了解到，书中有大量不符合事实的虚构成分。一部历史小说的内容一旦失去真实性，其价值也就会大打折扣。由于知道这是一部很大程度上编造的小说，在中文书店看到它的第六、第七和第八集时，再也没有中学时期那种想一睹为快的欲望了。尽管这部小说中充满杜撰的内容，但由于作者的文字功底深厚，这部演义体小说仍然颇具可读性。此外，书中的一些描述，比如"开香堂""吃硬饭""长三堂子""仙人跳""吃私菜"，让年轻读者了解到了民国时期的一些丑陋社会现象。

还有一次意外发现了美国作家夏勒（William Lawrence Shirer，1904-1993）的《第三帝国的兴亡》中文译本，这本书也是当年伙伴们喜欢读的内部书。中学时期不了解德国一战和二战时期的历史，只能读懂该书的大概内容和部分重要历史事件，而且也只能记住书中几个主要人物的姓名。后来在德国留学期间，通过阅读一些历史文献以及与熟悉历史的德国友人交流，逐渐对纳粹的兴起和灭亡有了大致了解。在离开德国前往荷兰工作之前，一位年迈的德国友人赠送了一些德语旧书，其中包括《第三帝国的兴亡》的德语译本。因为有了这本书的德译本，在书店看到它的中文译本时，打消了购买它的念头。事后想想，颇有些后悔。

十六

和马田接触久了，谈论的话题渐渐多起来，也会经常互相借阅一些值得阅读的书刊和文章，有时也会交流读书体会。马田经常推荐一些通俗读物和杂志上的专题文章，而推荐给他的则是一些人物传记和专著，其中有曾担任过德国总理的施密特（Helmut Schmidt，1918-2015）、曾担任过德国外长的根舍（Hans-Dietrich Genscher，1927-2016）的回忆录，还有意大利记者法拉奇（Oriana Fallaci，1929-2006）的新著《愤怒与自豪》以及《理性的力量》。每次读完这些书后，马田都会在午餐桌上向德国同事介绍书的内容。当然，他介绍的是添加了自己理解的马氏"修正主义版本"。

那几年，德国《经济周刊》杂志经常登载德国厂主在中国建立合资企业的报道。一时间，中国似乎成了德国企业建立国外附属加工厂的热门选地，媒体也在连篇累牍地介绍中国创造出的"经济奇迹"，中国的"经济起飞"成了马田经常挂在嘴边的话题。一些贪婪者开始寻找去中国发财的机会，一家银行的职员竟特地通过马田找上门来，希望了解在中国建立一座生产某种化工材料加工厂的情况，并许愿事成之后会给丰厚报酬。因为不想参与破坏中国的生态环境，更不会昧着良心赚有损人体健康的钱，所以随便找了个借口便直接拒绝了他的建议。

马田曾经几次提起他在金融投资中获利的经历，并表示愿意在买卖股票和期权方面提供咨询。早在中学时期就已从唐人的小说《金陵春梦》中了解到旧上海时期股票交易所中的"抢帽子""空头""多头"等投机勾当，后来又从茅盾（1896-1981）的小说《春蚕》中读到更邪门的期货生意，总觉得这些买卖都带有赌博性质，而赌博是最愚蠢的行为之一，所以一直回避和马田讨论这方面的话题。以前在学习概率计算时曾经接触过一个贝努利原理：如果博弈双方的输赢概率相等，在一场长局的对赌中，资金雄厚的一方最终将获胜。这似乎也可以理解为：在股市投机生意中，散户总敌不过金融大鳄。马田不相信这个原理，明知买卖股票和金融衍生产品有风险，但多年来仍然乐此不疲。

那时电子银行服务开始普及，一些炒股应用软件也已先后问世，人们可以通过互联网了解股市行情并在线进行股票和金融衍生产品交易，金融投资变成了一种计算机支持的资产交易。由于专业机构资金雄厚，在股市交易中具有较大竞争优势，而业余级别的股民自然无法与专业机构抗衡。虽然马田很早就加入了互联网炒股大军，在电子交易的实战中也没有大亏损，但所得的回报与预期值相距甚远。如果计入时间成本，他在金融投资方面仍然做了亏本的买卖。

在研究所工作期间认识了几位业余投资老手，他们长期买卖期权一类的金融衍生产品，在他们眼里，小额度股票交易不过是些"peanuts（小意思）"。听同事说，一位急功近利的同事在一位老手的鼓动下，经不住金钱诱惑加入了金融投资行列。后来，他在很短的时间内损失了一大笔资产，尴尬到无法还房贷的地步。他的妻子在了解到这一情况后大为恼火。尽管她并没有参与投资，但因为婚后夫妻财产捆绑在一起，妻子同样会受到牵连，甚至有可能承担部分经济损失。妻子一怒之下和丈夫办理了离婚手续。这位同事不但没有赚到钱，反而还拆散了家庭。

离开荷兰多年后，从金融方面的教科书中了解一些专业常识。投资和投机虽然只一字之差，二者之间却有天壤之别：投资是一门科学，专业金融投资机构会用"广义自回归条件异方差"计算股票播动，用"风险价值"分析投资风险，用"资本资产定价模型"计算资产组合，也会用"布莱克-舒尔斯模型"估算期权价格；而投机不需要这些相关知识，炒股者看准股价下跌时买入股票，股价上涨时卖出股票，炒股赢利很大程度上靠碰运气。

实际上，懂得如何估算投资风险和计算回报是一回事，在实际操作中是否能够获得预期的投资结果是另一回事，个人无论在专业知识、资金实力、市场信息还是在交易操控方面都无法与专业金融机构抗衡。浏览近些年来的国际专业期刊，可以读到一些新计算方法，比如用自适应网格计算期权定价模型，这些新方法在风险投资实战中意味着什么呢？这类问题只有专业人士才能解答。

银行常以投资的名义向客户推销金融产品,也即所谓的"理财产品"。顾客接受了银行建议之后,必须签署银行免责协议,其结果就是:挣了钱,银行和客户互惠;赔了钱,顾客仍然要付给银行服务费。如果没有雄厚资本,没有多余资金,最好不要与这类生意沾边。摆脱金钱诱惑的最好对策是:捂紧自己的钱袋。

十七

德国人一般不会和同事有私人间的来往。由于和马田一起共事时间长了,而且不在同一个部门工作,没有直接的利害关系,因此就有了更多的交往。

马田一家是虔诚的基督徒。每到星期天,全家都会前往海牙附近的一家教堂做礼拜,然后去海牙的一家中餐馆用餐。应他们的邀请,几次与他们在中餐馆相聚。海牙市中心有两家著名中餐馆:一家是广东人经营的老字号餐馆,另一家是香港商人经营的豪华餐馆。马田一家偏爱老字号餐馆,那里的粤菜和广式点心味道正宗,深受当地华人的好评。

马田习惯了太太烧的重口味饭菜,总觉得中餐馆的粤菜和点心过于清淡,每次都要在饭菜和点心上加入大量酱油、醋和辣椒酱一类调料,似乎不吃到额头出汗和舌尖麻木,这顿饭就没有吃过瘾。有一次,当马田在往烧麦上猛倒酱油和辣椒油时,实在看不下去他这副不雅吃相,便忍不住用调侃口吻低声问道:"加这么多免费调料,是不是想把这顿饭的老本吃回来?"马田不好意思地笑了。从此以后,再也没有见他像以前那样猛加调料了。

有一次,马田诚恳地说:"我儿子很喜欢你,他希望你周末来家里做客。"那时,他和露西的独生子克劳斯正在上中学,这个有着亚洲人外表的瘦弱小伙子是个爱学习的好学生。第一次应邀去马田家做客,除了给女主人送上一束鲜花以外,还特地带了一瓶成年法国波多红葡萄酒，另外送给克劳斯一本英语科普读物。主人在花园里准备了咖啡和茶水以及精心制作的茶点，还请来了邻居家的一位长者，大家在午后的阳光下享受着花园里的清馨气息，轻松地交谈。

就在前不久，一名极端环保主义分子在光天化日之下枪杀了荷兰的一位右翼政治新星，大家的话题不免集中在这次枪杀事件上。这位邻居是莱顿大学社会学专业的荣休教授，是一位自由派知识分子。在谈话中，他严厉地谴责了谋杀政治家的行为，同时也批评了思想极端的环保主义者，称他们是一批"生态狂热分子"。平时在工作单位，同事之间一般不谈论敏感的政治话题，这是因为不同观点很容易引起争论，甚至有可能导致争论双方不欢而散。在与马田和他的邻居的私人闲聊中，大家都可以十分坦诚地表达对时事政治的真实想法。

克劳斯拿来一种拼图数字游戏"数独"。这个拼图包含九组3乘3的九宫格，每个宫格中给定了数字1到9中的部分数字，需要在空格中填入适当的数字，使得每个宫格中填入不重复的1到9的数字，同时满足9乘9的大九宫格中，每一行和每一列也都包含1到9的不重复数字。克劳斯的数学和物理成绩都特别优秀，玩这种智利游戏游刃有余，很快就能得到正确答案。当时就有一种预感：这个瘦弱的少年日后一定有作为。果然，几年后，他在一次由英国广播公司组织的荷兰中学生英语演讲大赛中获奖。

到了晚饭时间，女主人摆出一桌亚洲风味的饭菜。酒足饭饱之后，年长的邻居礼貌地告退。应妻儿的要求，马田弹奏了贝多芬的钢琴曲《致爱丽丝》。马田在演奏过程中出了几处明显差错，一曲弹过后，他不好意思地表示了歉意。露西不失时机地抱怨丈夫几乎每天都在单位加班，周六的很大一部分时间也在单位里工作，难得在家休息时只顾埋头看书，已经很久没有陪家人一起逛街，也很久不碰钢琴了。从她的语气中可以感觉到，妻子的抱怨完全出于对丈夫的关爱，因为她害怕丈夫因工作过量而损害健康。露西的担忧不无道理：自从和丈夫来到荷兰，她就放弃了自己的工作，选择在家相夫教子，一心扑在操持家务上。现在儿子还在上中学，万一丈夫的健康出点状况，全家人的生活就会陷入困境。然而马田考虑的是：研究人员虽有丰厚的收入，但却难得有加薪的机会，平时超时和超量工作、发表研究论文，为的是积累科研成果，这样就不会错过下一次可能的提级机会。这也许就是人们常说的事业和家庭生活不能两全。

十八

在回家的路上，露西抱怨马田的情景多次在脑海中浮现。由于驾车时分神，误入了一条鲜有车辆行驶的车道。在驶入一个黑暗地段时，发现前方不远处有一辆警车正在发出停车信号，于是赶紧把车停在指定的位置。这时，迎面走来一位眼熟的女警官，按照她的要求先出示了驾驶证，然后接受酒精含量测试。在确定体内酒精含量没有超过规定的界限后，女警官便给出了放行手势。

荷兰的交通管理相当严格，如果驾驶员被查出体内酒精含量超过规定，不仅会受到高额罚款，还会受到禁止驾车数周的处罚。那天晚上虽然喝了一点酒，但在饭后一边聊天一边喝浓茶，路检时体内酒精含量已经明显下降，幸运地躲过了违章处罚。自从经历了那次路检，以后无论在外参加哪一类聚会，都没有再沾过酒精饮料。

执勤的女警官是研究所职工家属，她父亲是研究所的退休职工。她在幼年时随父母来荷兰生活，中学毕业后考入警校，以优异的成绩毕业后成为一名警官。她有时会在周末来健身房，和一群女青年参加室内足球训练，然后和姑娘们一起泡酒吧聊天。无论她在哪里现身，身边总会出现一个留着披肩长发、身着旧运动衫和破牛仔裤的男青年。据说这个男青年是她的男朋友，是个一贯不修边幅、整天无所事事的德国小青年。

有一次，弗雷茨在酒吧和女警官聊天，在闲聊中，他们忽略了坐在一旁的男朋友，这个蓬头垢面的小伙子露出不快的表情。不知为了什么小事，两个男人发生了口角，男青年骂弗雷茨是个"Ossi（东德佬）"，而弗雷茨回骂他是个"Taugenichts（废物）"，这下触到了男青年的痛处，他忍不住要动手揍弗雷茨，在众人的劝解下，口角才没有升级为肢体冲撞。

不久后的一天，在泡桑拿时，有个同事问弗雷茨，为什么要去和女警官搭讪？难道不知道这会惹毛她那个嫉妒心极重的男朋友吗？弗雷茨尴尬地解释道，他深为女警官找这么个男朋友感到惋惜，所以想和她随便聊聊，没有想到那个游手好闲的家伙竟然差点动手。此时，有人在一旁半开玩笑地说，弗雷茨和女警官搭讪完全不怀好意，难怪她的男朋友会动怒，另外一人冷冷地加了一句："如果那个男朋友发现你在桑拿浴室注视她的裸体，大概会酿成流血事件了。"这句尖刻的话引来众人的一阵哄笑。

那一年的足球世界杯赛期间，酒吧主管在大厅里放置了一个巨大的电视屏幕，还特地搬来不少长凳，供酒吧客人观赏比赛的现场直播。荷兰队与葡萄牙队的那场球赛，酒吧里座无虚席，几乎所有在场者都是荷兰队的支持者。比赛开始后，酒吧里的哄叫声不绝于耳。

弗雷茨是唯一为葡萄牙队鼓劲的观众。他在观战时大声叱责荷兰球员动作粗野，有意伤害对方球员。他偏袒葡萄牙队的态度引起了众球迷的强烈不满，特别是女警官的男朋友，多次挥动拳头高声吼道："蠢货，滚出去！"弗雷茨也不甘示弱，隔着一大群观众大声回应道："蠢货，滚出去！"

那场比赛自始至终充满肢体冲撞，双方球员都把暴力对抗发挥到了极致。比赛接近尾声时，观众的不满情绪开始升级，他们愤愤不平地谴责裁判偏袒葡萄牙队。最终，这场近乎野蛮的恶战以荷兰队败给葡萄牙队而告终。也许害怕众人会因荷兰队输球而渲泄愤怒，弗雷茨趁大家不注意时悄悄溜走了。

十九

  那几年中，研究所里发生了不少人事变动：平时来往较多的德国同事，如西蒙先生和埃里克先生，都已先后退休并搬回德国居住。他们在荷兰工作了几十年，虽然没有语言交流的障碍，而且早已习惯了当地的生活环境，但最后仍然选择回德国定居，除了不太喜欢荷兰社会和荷兰人的个性外，另外一个原因是对荷兰医疗系统缺乏信心。

  在研究所工作的几年中，为了定期出研究成果，除了每天工作将近十个小时，还经常在星期天加半天班。那时经常在思考：做这份工作难道仅仅为了挣一份薪水吗？这个职业的前途在哪里呢？经过深思熟虑后，终于决定辞去研究所的工作。

  离开之前，特意约马田去咖啡厅见面。马田已经到了退休年龄，因手上还有几个未完成的项目，研究所答应给他延长一年工作合同。许多年前，第一次来荷兰出差时，也是在研究所的咖啡厅，马田是东道主，而这次，在即将离开荷兰时，他是客人。大家喝着卡普奇诺，嚼着酒心巧克力，一起回顾几年来的一些共同经历，最后，互道珍重后告别。

  从搬家服务公司租来一辆面包车，装上十几纸箱书刊、专业资料以及所有衣物，在秋季的一个阴雨天，驾驶着面包车离开荷兰。许多年前，第一次来荷兰出差时，当车驶入荷兰边境后，眼前的一切曾是那么新鲜。如今，在荷兰生活多年后，所有的新鲜感早已褪去。当面包车缓缓离开荷兰驶入阔别数年的德国边境时，不禁想起了德国诗人海涅（Heinrich Heine，1797-1856）在结束流放后，从法国回到德国时写下的著名长诗《德国，一个冬天的童话》中的诗句：

Als ich an die Grenze kam,
Da fühlt ich ein stärkeres Klopfen
In meiner Brust······

这几句诗的译文如下：

当我来到国境线上，
我感到了胸中强烈的跳动……

这时映入眼帘的是公路两旁的农田景色：成熟的麦子在微风中低垂麦穗，仿佛正在低头向远道而来的车辆致意，天空中飘来蒙蒙细雨，仿佛在为过往的路人洗去一路风尘……眼前的这一切是多么的亲切！

回到德国后，由于忙于手头的工作，一直没机会去拜访那些曾经的同事。几次想在德国的节假日给马田和其他几位熟悉的同事打个电话，但每次都选择了作罢。随着时间的推移，和过去的同事似乎已找不到可以畅谈的话题，时间一长，便放弃了与他们联系的念头。

现在偶尔也会想起他们，不知道当年的同事们现在一切可好？为了留下那些美好的记忆，断断续续地记录了与几个同事交往的一些片段，以此感谢初到荷兰时他们所尽的地主之谊。

2021 年 12 月，德国

旅游观感

伊斯坦布尔印象

麦琪儿

以前上班时，有个同事称自己是半个土耳其人，也即他的父亲来自土耳其，母亲是美国人。每次他从伊斯坦布尔度假回来，都会讲述他的度假经历，和大家分享游程体会。伊斯坦布尔是一座跨越欧亚两洲的城市，也是充满了历史遗迹和现代文化交融的旅游胜地。我曾经在电视里和书报上了解到一些有关土耳其和伊斯坦布尔这个城市的历史，特别是伊斯坦布尔的圣索菲娅大教堂，那个千年的历史建筑包容了两大宗教，对我来说，伊斯坦布尔一直是一个想要去的地方。

去年底总算如愿以偿，去了向往已久的伊斯坦布尔。当飞机顺利到达伊斯坦布尔机场，取回行李进入海关时，已是晚间七、八点了。入关时，一个看上去不到三十岁的海关工作人员接过我递给他的护照，他既不看我一眼，也不说一句话，只是不断地打哈欠。在看了护照和签证后，他还在不断地打哈欠，随后就盖了章，把护照还给了我，接着又打起了哈欠。我真也纳闷了，怎么会遇到那么没有礼貌的海关工作人员？他是代表自己国家的公务员，如此的工作态度，真让我跌破眼镜，很是失望。

从机场到城里,路程还不近,车子开了五十分钟才把我们送入酒店。呵,那个酒店虽然不大,但非常优雅古典,房间窗外还可以看见博斯普鲁斯海峡。酒店的主人十分友善,帮我们安排好住宿以后,就请我们品尝了土耳其咖啡和甜点。联想起刚才驾车司机也很友善,于是便把入关时的不愉快忘得一干二净了。

我们入住的酒店就在苏丹阿赫迈特广场附近,第二天一早就去逛了广场。高耸的图特摩斯三世方尖碑立于公元 400 年左右君斯坦丁堡时期,石碑从埃及尼罗河运至伊斯坦布尔。这座方尖碑矗立在苏丹阿赫迈特广场,它见证了这座城市的兴衰变迁。

图 1:图特摩斯三世方尖碑

圣索菲娅大教堂始建于东罗马帝国 537 年。公元 360 年至 1204 年,它由东正教掌控,第四次十字军东征后,天主教掌控了一段时期,1261 年又被东正教夺回,直至 1453 年奥斯曼征服了君斯坦丁堡,把它变成了清真寺。1935年起,圣索菲娅大教堂被改成了博物馆。到了2020年,它又被改成了清真寺。踏进这座千年来被两个宗教先后掌控的古建筑,仿佛穿越时空,感受到历史的沉淀和文化的交融。

图2:圣索菲亚大教堂外景和奥斯曼帝国掌控时加建的宣礼塔

图3:圣索菲亚大教堂里的十八世纪时的吊灯

图4：圣索菲亚教堂内唯一未被覆盖的基督教里的小天使图像

图5：圣索菲亚大教堂入口处的基督像，在周五的伊斯兰教朝拜时会被布暂时盖住

走出圣索菲亚大教堂，对面就是蓝色清真寺。蓝色清真寺是在1609年由十四岁即位的阿赫迈特苏丹命令建筑师迈赫迈特·阿迦在原来的阿伊舍苏丹的王宫上修建的。当时他要证明自己是一个虔诚的伊斯兰教信徒，因此要修建一座能与圣索菲亚大教堂相比拟的清真寺。

清真寺在十七世纪初完工，它是奥斯曼帝国时代建筑和艺术的辉煌杰作。这是拜占庭、希腊和突厥伊斯兰教文化交融的建筑，运用的是拜占庭帝国希腊文化的建筑技术来表现伊斯兰教文化，四周的六座塔叫拜塔，也称宣礼塔，象征伊斯兰教里的六大信仰。

图6：蓝色清真寺夜景

两个清真寺的附近，是罗马时期的地下水宫殿（Basilica Cistern），也是当时的地下水库，里面有363根圆柱，占地面积9800平方米，可容纳10万吨水，水可以被抽到地面后透过约20公里长的引水道送往各处，为伊斯坦布尔地区的居民提供日常饮水。如此巨大的地下水库，真是令人叹为观止。地下水宫殿位于君斯坦丁堡的圣索菲亚大教堂西南边，由拜占庭查士丁尼大帝于公元527-565年统治时期所建，被整修过多次，最近的一次是1994年5月。

图 7：地下水宫殿

地下水宫殿西北方的两座石柱底座用刻有梅杜莎的石柱来支撑。梅杜莎是希腊传说神话中的一个妖女，她可以把看到她眼睛的人变成化石。据说至今没有文字可以证明这两个底座的来历，有人认为是从古罗马时期建筑拆除后所移置于此。许多学者认为梅杜莎头像倒置只是大小适合以支撑石柱，然而在拜占庭文化中，梅杜莎的头像是装饰品，倒放她的头像是为了避免人们看到她的眼睛后自己也变成化石。

图 8：倒置的梅杜莎石柱底座

旅游观感

　　托普卡珀皇宫（Tophkapi Palace）从 1460-1853 年起一直是奥斯曼帝国苏丹的官邸和寝宫。由于皇室在另一处建立了新皇宫，这个皇宫逐渐变成了寝宫和办公室。这座皇宫的设计采用了奥斯曼时期的巴洛克风格。由于奥斯曼后期与西欧各国交战多年，奥斯曼帝国的房屋结构、家具、室内用具、餐具等方面都深受西欧的影响。从 1923 年起，托普卡珀皇宫就是对外开放的皇宫和博物馆，1985 年成为联合国教科文组织评定的世界文化遗产。

图 9：托普卡珀皇宫入口

图 10：皇宫内的一角

伊斯坦布尔的塔克西姆广场（Taksim Square）是一个大型购物、旅游和休闲区，以其众多的餐厅、商店和饭店而闻名于世，它被认为是现代伊斯坦布尔的心脏。广场上耸立着 1928 年建成的共和国纪念碑，用以纪念土耳其共和国的成立。

图 11：土耳其共和纪念碑

广场是城市的主要交通枢纽，一条长长的步行购物街——独立大街，通向这个广场。除了各种酒店和餐饮场所，还有许多国际知名的快餐连锁店，如必胜客、麦当劳和汉堡王。广场的西侧还设有多功能文化中心和歌剧院。

图 12：塔克西姆广场一角

　　大巴扎（Grand Bazaar），也称为大市场，是世界上最古老的室内市场，也是世界最大市场之一，建于十五世纪初。如今，这个市场内拥有 61 条街道，四千多家大小不一的商店，占地面积达三万七千平方米，每年吸引上百万游客前来参观。尽管市场内有许多饭店和小吃摊位，但主要的商品仍以金银首饰和波斯地毯为主。虽然有人说进去了会出不来，意味着卖主会不断说服顾客，直至最后买下所推荐的商品。价格虽然可能会被高估，但如果商品并不是十分昂贵，只要是自己喜欢的，仍然是值得考虑的。

图 13：大市场入口处

图 14：大市场内一条街

乘坐大巴观光土耳其伊斯坦布尔亚洲部分，首站是奥斯曼苏丹王朝十九世纪的贝勒贝伊宫（Beylebey Palace）。皇宫内禁止拍照，但游客可以在外面拍摄几张照片，特别是远眺这座城市的欧洲部分，风景特别优美。

图 15：皇宫外远眺伊斯坦布尔欧洲地区

连接欧亚的大桥延伸到博斯普鲁斯海峡和金角湾，桥梁塑造了伊斯坦布尔独特的天际线，也是横跨博斯普鲁斯海峡和欧亚两大洲的最古老的桥梁。它不仅连接着城市的欧亚两大洲部分，而且还成为了探索博斯普鲁斯海峡链接马尔玛拉海和爱琴海的标志性地标。这座桥于 1973 年开放，从欧洲的奥尔塔科伊社区横跨到亚洲的于斯库达区。现今每天大约有 18 万辆车通过这座桥。博斯普鲁斯海峡大桥在 2016 年 7 月被命名为"7 月 15 日烈士大桥"，它是伊斯坦布尔的骄傲。

图 16：连接欧亚大陆的伊斯坦布尔"7 月 15 日烈士大桥"

在伊斯坦布尔晚餐时，这家餐厅提供餐饮服务并举办表演。我之前对土耳其舞蹈一无所知，但在这次经历中学到了不少。两位弹琴的男士在舞台上演奏土耳其音乐，接着一个穿着土耳其传统服饰的男子登台表演。他随着音乐旋转，每个曲子都能持续四、五分钟。后来了解到，这是土耳其传统舞蹈之一，称苏菲舞，通常由男性表演。他们的旋转不仅是一种娱乐方式，也被视为一种冥想和祈祷的方式，这让我感到非常有趣。

在几天的伊斯坦布尔之行中，除了清真寺，土耳其国旗也是随处可见。据网络资料显示，土耳其有九千万人口，全国约有九万座大小不一的清真寺，而仅在伊斯坦布尔就有三千七

图 17：塔克西姆广场的清真寺，其外表与蓝色清真寺相仿

百多座，因此所到之处都可以不断听到从宣礼塔传来的祈祷呼唤声。此外，人们随时都可以看见土耳其共和国的国旗。据当地导游介绍，国旗上的图案与奥斯曼帝国国旗几乎一样，只是月牙部分略微宽一些。

伊斯坦布尔是一个非常值得观光的地方，其悠久的历史在每一个角落都能感受到。也许因为它是一个伊斯兰国家，无论是在商场还是旅游景点，本地女性出现得不太

图18：随处可见的土耳其共和国的国旗

多。在旅途中，感觉那里的人们十分友善。虽然很多人不说英文，但是他们还是极力想给游客提供帮助，比如解答外国游客的问路等。在土耳其要用土耳其的货币里拉交易，把它折换成欧元或美元，购物时感觉售价相当便宜，不过也有不少商店收欧元。

回顾历史，土耳其伊斯坦布尔是奥斯曼在1453征服拜占庭后建立的皇宫首都，不可一世的奥斯曼帝国曾统治世界最大的疆土近六百年。然而曾经在欧亚称霸一时的帝国早已灰飞烟灭，如今，这块千百年来由基督教和伊斯兰教的统治者掌控的地方已经成了全世界的热门旅游点之一。

2024年4月，美国

迷人的里斯本

麦琪儿

去过欧洲多国,却未踏足葡萄牙。这次乘南欧之旅,在返回北美之前终于来到了葡萄牙的首都里斯本。在西班牙逗留了近三个星期,对于里斯本并没有抱有太大的期待,只是满怀好奇心踏上了这段旅程。

乘坐长途汽车从西班牙南部塞利维亚驶往里斯本,车程约五小时,再加上一小时的时差,早上出发,到达里斯本已是午后。汽车离开塞利维亚郊外那片种满桔树、橄榄树和葡萄园的丘陵平原,一个多小时后便进入了葡萄牙的国界。沿途,丘陵地带渐渐消失,一片片绿色的草原映入眼帘。桔树渐渐远去,取而代之的是草原上悠闲自得的牛羊、橄榄树和葡萄架,还有大片的松树。一路上,欣赏着自然的田园风光,美景令人心旷神怡,让人忘记了以往乘坐长途车时的疲倦。

抵达里斯本时,已是下午三点左右。安排好一切后,选择在老城区的巴夏(Baxia)小街住宿,这样无论走到哪个景点都十分便利。步行几分钟便抵达了宫殿商业广场(Prada do Comercio Square)。穿过大城门(Rue Augusta Arch)进入广场,广场边依偎着泰格河(Tagus River),壮观的景色十分迷人。据说,在1775年的大地震中,里斯本宫殿商业广场和周边的建筑物几乎完全被摧毁,而如今的广场、城门等都是后来重建的。十八世纪末,随着葡萄牙经济的繁荣,整个里斯本的市内建筑得以扩建,一些街道甚至是仿照法国香榭丽舍街而建成的。穿过美丽的拱门,便是里斯本老城商业区,广场上的雕塑是葡萄牙的改革者国王约瑟夫一世。

图 1：中心商业广场和凯旋门

图 2：广场中的国王约瑟夫一世的塑像

里斯本最有特色的，莫过于它的 28 路电车。或许世界上也找不到像这样一条如此长的有轨电车线路了！28 路电车穿梭于类似丘陵地貌的城市之间，全程上上下下近一小时，沿途有许多景点可供下车观赏，其中一段还可以搭乘电缆车上下，它还能带你到达里斯本城市的圣母高点公园和一个现代化的超时市场（Time Out Market）。

图 3：市内有轨电车（左）和电缆车（右）

乘坐里斯本的泰格河游轮，可以游览贝伦塔（Belem Tower）、杰罗尼姆斯修道院（Jeronimos Monastery）和发现纪念碑（Padrao dos Pescobrimetos）。

贝伦塔，正式名称为圣文森特塔（Torre de São Vicente），是位于里斯本的一座十六世纪的堡垒，曾作为葡萄牙探险家的启程和返回点，也是通往里斯本的仪式性门户。这座塔象征着葡萄牙在早期现代欧洲的海上和殖民力量。它建于葡萄牙文艺复兴的鼎盛时期，是葡萄牙曼努埃尔式建筑风格的杰出代表，同时也融合了其他建筑风格，如受到摩尔建筑启发的尖塔。

图 4：贝伦塔远眺

旅游观感

图5：杰罗尼姆斯修道院

杰罗尼姆斯修道院是位于葡萄牙里斯本市贝伦区塔古斯河附近的一座前圣杰罗姆骑士团修道院。在十六世纪，它成为了葡萄牙阿维兹皇家王朝的墓地。然而在1833年，根据国家法令世俗化，其所有权转移给慈善机构。由于其独特的建筑风格，后来成为了里斯本的文化标志之一。

发现纪念碑位于里斯本圣玛丽亚德贝伦民政教区塔霍河口北岸。这座纪念碑坐落在河流沿岸，以其船只和人物造型表现了十五世纪和十六世纪的葡萄牙大航海时代，记录了葡萄牙人在此出发去探索印度和东方并进行贸易的历史。

市区内的新建筑也令人赞叹不已，其中印象最深的是里斯本的东方火车站和商厦。该站是里斯本的主要交通枢纽之一，由西班牙建筑师圣地亚哥·卡拉特拉瓦设计，于1998年世界博览

图6：发现纪念碑

会时在万国公园兴建。它包括地铁站、高速铁路和区域火车枢纽，是当地、国家和国际公交车站以及购物中心的重要组成部分。

139

图7：东方火车站

图8：市中心的现代建筑

除了城市内的景观和历史景点，里斯本的郊外也有许多令人向往的地方。我们选择性地前往了辛特拉（Sinatra）和佩纳皇宫（Peña

Palace）。辛特拉是大里斯本地区的一个城镇和自治市，坐落于葡萄牙里维埃拉地区。它是葡萄牙城市化程度最高、人口最稠密的城市之一，以其风景如画而闻名。它拥有历史悠久的宫殿、城堡、风景优美的海滩、公园和花园。

图9：凯斯卡斯（Cascais）海滩，可遥望对岸的纽约

佩纳皇宫矗立在辛特拉山脉的岩石上，由德国出生的萨克森·科堡·哥达王室成员、玛丽亚二世女王（Queen Maria II de Protugal，1819-1853）的丈夫斐迪南国王（King Ferdinand II，1816-1885）主导建造。宫殿建在十六世纪圣杰罗姆骑士团修道院的遗址上，保留了许多修道院的基本特征，如教堂、回廊和一些附属建筑。该建筑不拘一格，风格多种多样，包括了新哥特式、新曼努埃尔式、新伊斯兰式和新文艺复兴式，是一座典型的浪漫主义宫殿。

图 10：佩纳皇宫

里斯本的自然风光和历史建筑确实令人陶醉。美丽雄伟的皇宫商业广场，著名的里斯本凯旋门，穿梭在丘陵地带的市内电车，展现葡萄牙丰富大航海历史的贝伦塔和发现纪念碑，风景如画的辛特拉，体现浪漫主义的佩纳皇宫，以及现代化的东方车站，这些名胜古迹无不展现出里斯本的迷人之处。能够体验这座城市的魅力，实在是一种享受，这些景观将成为美好的回忆。

2024 年 2 月，美国

阿尔巴尼亚纪行

夏 阳

2012 至 2013 年间,曾应德国联邦文化交流总署(以下简称 DAAD)邀请,多次参加 DAAD 年度奖学金生的评选工作,去巴尔干地区的波斯尼亚和黑塞格维那、马其顿、科索沃和阿尔巴尼亚四个国家面试年度奖学金生的候选人,以下记录了在阿尔巴尼亚工作期间的一些见闻。

一

从维也纳国际机场登上乘载着一百多个旅客的客机,在起飞后穿过冬季懒洋洋的太阳光照射下缓缓散去的云层,然后转往东南方向,经过大约一个小时飞行,飞机进入了"山鹰之国"阿尔巴尼亚的领空。从舷窗鸟瞰白雪覆盖的大地,空旷的山间零星散布着几幢简易农家小屋,它们仿佛是这一片人烟稀少的山区中肉眼可以识别的地标建筑。开始迅速下降的飞机在机翼的剧烈颤震中迅速穿过紊流层,它像一个巨大的山鹰翱翔在起伏连绵的巴尔干半岛山脉间,在进入低空后经过一阵急剧盘旋,最终缓缓降落在阿尔巴尼亚首都的地拉那国际机场。

这座机场以马其顿出生的阿尔巴尼亚族修女德莱莎(Mother Teresa)[1]命名,对外也叫德莱莎修女机场。走下舷梯随乘客人群进入机场海关,面前出现了醒目的大幅标语"欢迎前来山鹰之国"以及该国的标志——双头鹰。由于护照有效期将至,两位身着警服、有着巴尔干人中罕见高大身材的机场海关工作人员开始询问入境目的和接待单位,在得到满意的回答之后,其中一人用很标准的德语说了声:"旅游愉快"，随即便很有礼貌地给出了放行手势。

尽管飞机因晨雾导致低能见度而未能及时起飞，又因出关时核对护照有效期而耽误了出关时间，接待单位安排的出租车司机仍然在机场大厅里，手举"DAAD"字样的指示牌耐心地等待客人。上车后简单寒暄了几句，热情的司机便驱车前往旅馆。一路上，这位司机除了蹦出不连贯的英语单词外，几乎不能表达完整的英语句子。从他的表述中大致可以了解到：他在一家私人企业工作，企业所有员工都来自一个大家庭，大家除了给自家的企业工作，也都在想办法增加额外收入，例如开出租车去机场接国外来的客人。到达旅馆后，司机主动帮忙搬旅行箱。原打算给他一点小费，但这位看上去老实巴交的司机红着脸谢绝了小费。后来听在当地工作的DAAD同事说，在这个国家，人们没有给小费和收小费的习惯，不知道这个说法是否属实。

下榻的旅馆位于宽阔的烈士—人民大道（Bulevardi Deshmoret e Kombit）南端，这是一家与外资联合经营的企业，旅馆设施和客户服务与西欧旅馆业的行业标准并无二致。底楼大厅一侧的整个墙面上是一幅幼稚派风格的马赛克壁画，画面描述的可能是某种图腾或是传说中的某个动物形象；大厅另外两侧分别是：由若干会议室组成的会议中心以及由餐厅、酒吧和咖啡室组成的休息区。餐厅提供意大利菜，食材主要是巴尔干人喜爱的牛羊肉、海鲜类以及生蔬菜和水果。装修考究的酒吧通宵营业，随时可以为入住的客人提供服务。咖啡室里的一个封闭式玻璃房一直延伸至外面的花园，即使在寒冷的冬天，人们依然可以坐在洒满阳光的玻璃房里喝咖啡、品尝各种糕点。在旅馆休息的近三个小时中，抓紧时间读完了所有申请材料，随后利用晚上活动前的几个小时，与同行的DAAD部门主任一起去市区散步。

二

烈士-人民大道是一条由南向北的马路，最南端是阿尔巴尼亚的最高学府地拉那大学。这条宽阔的马路是在意大利占领时期为检阅士兵而建造的，延路两旁是巨大的建筑物。也许可以这样解读殖民统治时期建造这个工程的政治意义：殖民统治者用军事阅兵威慑殖民地人民，以示殖民统治不容挑战。旅馆北侧有一座铁栏杆围起的建筑物，这是前国家内务部的所在地，是个曾经令人不寒而栗的部门。

　　沿大马路向北去不远，进入眼帘的是一个类似金字塔造型的建筑物，它曾是霍查（Enver Hoxha）[2]的陵墓。霍查早年曾留学法国，回到祖国以后，参加了当地共产主义小组的活动。1939年意大利入侵阿尔巴尼亚后，霍查加入了反法西斯地下斗争，以后成为游击队组织的最高领导人之一。1946年阿尔巴尼亚人民共和国成立，霍查出任部长议会主席，成为国家最高领导人。1940年代末期，霍查追随斯大林路线，与邻国南斯拉夫交恶。1960年代初期，中、苏两国关系开始恶化时，阿尔巴尼亚是站在中国一方的社会主义盟友，不久后，阿尔巴尼亚与苏联断绝了外交关系。此后很长一段时期里，中国视阿尔巴尼亚为欧洲的社会主义明灯，为该国提供了大量经济援助。1985年霍查去世后，他的建筑师女儿设计了这座陵墓，其主体框架采用白色大理石和红色钢架，并用大面积玻璃窗覆盖在表面。从设计直至建造耗时多年，陵墓竣工后，霍查的遗骸被安放于陵墓中。到了1992年，霍查的遗骸被迁往另一处公墓安葬，原来的这座陵墓被改成了国际文化中心。

　　从这里向西拐入乔治·菲什塔大道（Bolevardi Gjergj Fishta）[3]步行约五百米，再沿北边的穆罕默德·乔勒沙大街（Rruga Muhamet Gjollesha）[4]走过约一公里，这就来到了斯坎德培（Skenderbeu）[5]广场。广场正中矗立着一座斯坎德培骑在马上的雕塑，它是地拉那的重要景点之一。"文革"初期，有一次在发小家里翻阅《阿尔巴尼亚画报》时，第一次接触到了斯坎德培这个名字，知道他是一位民族英雄，曾经率领人民抵抗奥斯曼帝国的侵略。至今仍然记得，这本画报中的翻译体汉语读起来非常拗口，但它却提供了不少阿尔巴尼亚的政治、经济和文化等方面的情况，例如已经实现了全国电气化和全民医疗保健、青年工人参加职业培训和青年学生的生活、各种对外文化和体育交流，以及文艺工作者排演莎士比亚的话剧《哈姆雷特》等报道，不啻给当时极其单调的文化生活注入了新鲜内容，也让人们对那里的多元化生活羡慕不已。

离斯堪德培广场不远的三个景点分别是清真寺、国家大剧院和国家博物馆。社会主义时期的阿尔巴尼亚信奉马克思主义，坚信马克思所说的"宗教是人民的鸦片"。在这个学说指导下，宗教信仰和宗教活动曾被长期禁止。那时，社会主义阿尔巴尼亚虽然表面上消灭了宗教，但这座有数百年历史的清真寺并没有被拆除。到了1990年代初，该国实行体制转型后解除了对宗教的禁令。现在，全国大约一半以上的人口信奉伊斯兰教。这座清真寺除了供穆斯林集体聚礼外，还规定了对外开放时间供旅游者参观。

回旅馆的路上经过一个开放公园，其中有一家外观华丽的饭店。饭店隔壁的咖啡厅提供各种咖啡饮料，不仅有传统的土耳其咖啡，还有现磨的意大利咖啡，如卡普奇诺、马奇亚托、马若奇诺等品种。这里的大部分糕点都以蜂蜜和奶油为主要原料，这些巴尔干半岛人喜爱的甜食无论外观还是口感都无可挑剔。从店内的考究装潢、先进设备和高消费水平来判断，这家咖啡厅极有可能有外资背景。店里的客人几乎都是衣着考究的生意人，他们随身携带公文包、智能手机和笔记本电脑，大概正利用这个优雅的场所，边喝咖啡边交流商业信息或洽谈生意。

服务生们几乎都是梳着铮亮的大背头、身着裁剪得体的西式工作服、态度很友好的年轻人。在与一位服务生的闲聊中了解到：他和大多数服务生一样，来自边远地区的一户贫困家庭，在大城市打工是为了挣钱。由于没有受过高等教育，也没有什么特别技能，只能在低收入的服务行业工作。现在他白天在这家咖啡厅工作，晚上下班以后还要去一家酒馆工作至深夜。为了摆脱贫困并且改善生活条件，像他这样既无家庭背景也无技术特长的普通人，除了同时做几份工作，似乎没有更好的选择。

　　DAAD驻地拉那的两位工作人员在旅馆附近的一家简易饭店安排了工作晚餐。其中H先生毕业于哥廷根大学德语专业，已经在阿尔巴尼亚工作数年。他掌握巴尔干地区的多种语言，熟悉巴尔干半岛的时事政治以及文化教育问题。另一位S先生在班贝大学获得博士学位后来这里工作，除了在大学教经济学方面的专业课外，也在研究巴尔干地区的经济发展与社会问题。工作晚餐期间，两位先生分别介绍了年度奖学金生的初选过程和结果，并对奖学金申请人的面试提出了一些建设性意见。

三

　　马里欧教授一早就来旅馆餐厅与评委其他成员共进早餐。这位意大利人以前在德国一所大学任教，荣休后申请了DAAD援外项目，来到地拉那大学工作。马里欧并非他的父姓，而是他的名字。由于他深受学生们的欢迎，年轻人都没大没小地叫他马里欧教授。

　　马里欧教授是德语和南欧语言专家，在地拉那大学开设几门专业课。他指导学生的方法比较特殊：先选定一组与历史或者民俗有关的课题，随后组织学生实地调研和勘察，收集相关物件、文字和图片资料，然后组织研讨会，由学生报告调研和勘察结果，最后由学生独立完成研究论文。马里欧教授十分熟悉阿尔巴尼亚大学的教学和科研情况，为评委员会评估申请人的业务能力提供了帮助。早餐过后，评委员会讨论日程安排，马里欧教授提议：考官应当回避自己学生的面试，这样可以公平对待所有申请人，保证人人都有同样的入选机会。

　　面试奖学金生持续了整整两个工作日。申请人大多是一些二十岁出头的在校大学生，他们学习成绩优异，其中有些人已经在国内学术会议上做过报告，或在专业期刊上发表过研究论文。所有人都能熟练使用英语、德语或者意大利语回答考官们的问题。按照相关规定，申请人必须提交"托福"考试成绩，由于他们大多交不起考试费用，所以评选委员会准许他们在通过预选后补交语言考试成绩。这个贫穷国家无法资助青年学生留学，来自劳动人民家庭的学生想出国深造，只能靠自己的成绩申请国外奖学金。

在与当地同行的交流中了解到一些高校的教学情况，归纳起来可以有以下几点：

第一、技术学科与计算机学科。传统技术学科（如机械工程、土木工程、电气工程）除基础课和专业基础课教学外，还开设了计算机辅助设计和有限元方法一类的课程，由于学校缺乏足够的经费，硬件和软件的配置仍然有待于改进。计算机专业采用的主要是美国教材，毕业生一般都有较好的就业前景，特别是在向数字化办公和电子商务发展过程中，国家机关、事业和企业单位都需要这方面的专业人才。

第二、经济与管理学科。从计划经济转型到市场经济过程中，高校开始培养面向市场经济的国民经济、企业经济、经济管理等领域的专业人才，以满足政府部门和企业单位的人才需求。近些年来出现了一些经济类私立大学，这些学校沿用美国教学模式，开设金融学与投资学、市场营销学等专业课。目前的问题是：除了少数毕业生能够进入政府部门外，由于受经济大环境影响，大部分毕业生都有可能面临就业困难。

第三、法律与人文学科。自1991年实行体制转型起，大学的法学教育已经努力与西欧同类的教育体系接轨，先后引入了如企业法、知识产权法等课程。法学院毕业生除少数去国外留学、少数进入政府部门或媒体外，大部分人选择去企业担任法律顾问。其他一些文科专业，例如德语专业，毕业生大多选择去德语区国家留学或去在当地的外企工作，也有人选择继续读学位或者在学校从事教学工作。

四

选拔工作顺利结束后，接受DAAD部门主任的提议，利用晚间活动前的几个小时一起去市里逛街。大家首先参观了著名的景点霍查别墅。这是一幢外表不算奢华的二层楼房，由浅灰色的建筑材料（可能是自然岩石块）建成，底楼沿街外墙采用的是落地窗，二层楼上是露天阳台，这一带曾经是戒备森严的、与外界隔绝的区域。据 DAAD 驻当地的工作人员 H 先生介绍，离这里不远有一幢仅次于霍查的第二号领导人物谢胡（Mehmed Shehu）[6]的别墅。霍查在长达四十年的国家最高领导任上一次又一次以"反党集团"和"国外间谍"的罪名清洗了自己的部下，其中最令人震惊的就是给谢胡制造了"多国间谍"和"最危险的敌人"的罪名。阿尔巴尼亚著名作家卡达莱（Ismail Kadare）[7]在他的小说《接班人》中描写了一起凶杀案，整个故事正是以谢胡之死为背景展开的。小说的情节扑朔迷离，提供了许多谋杀嫌疑的线索，作者虽然没有道出真正的凶手，但却留给读者许多遐想空间。霍查去世后，他的家属在这座别墅一直住到1990年代初期才迁出。二十多年以来，别墅的四周已经建造了不少供市民们居住的火柴盒式高层公寓。

最后参观的是地拉那国家博物馆。由于市区供电和供暖不足，那段时间博物馆暂停对外开放。所幸马里欧教授通过熟人关系，请求博物馆为我们单独开放数小时，这样才有机会进入这座著名的博物馆。马里欧教授主动担任讲解，给大家介绍了阿尔巴尼亚的历史、文化以及博物馆内的各种陈列品。这个国家历史上曾遭受奥斯曼帝国侵略，也曾被法西斯意大利侵吞，还曾被纳粹德国占领，因此抵御外敌是展览馆的一个重要部分。整个展览中没有出现霍查的名字，而谢胡的名字则在反法西斯的地下组织领导人之列。显而易见，人们现在正以这样的方式消除长年以来对霍查个人崇拜的影响。

晚上，地拉那市文化交流部委托当地一家文化公关机构在一座豪宅内设宴招待参加选拔奖学金生的所有人员。在晚宴上，左侧就座的是公关机构的一位年轻负责人 A 女士，她向大家介绍了当地的各种特色食品。在和当地工作人员的交谈中随意提到，自1960年代中起的大约十年中，阿尔巴尼亚的几部电影在中国很受年轻人欢迎，说到这里，便情不自禁地哼起电影《宁死不屈》的歌曲:"赶快上山吧,勇士们……"没想到在场的两位女士们竟然也跟着哼起这首曲子——原来A女士的公公是这部影片导演!在"文革"的不正常年代,除了几个京剧样板戏外几乎没有其他文艺作品,阿尔巴尼亚电影在一定程度上填补了年轻人文化生活中的空白。且不论这些影片有多高的艺术水平,影片中留长发、吹口哨、弹吉他的年轻人为了反抗侵略者而表现出的视死如归精神还是很感人的。A女士坦率地谈到,今天这类影片已经失去了观众。当下,有钱人的子女都在想办法出国留学和定居,而穷人家的子女则希望去大城市或国外打工挣钱;现在的年轻人大多都在为金钱而奔波,很少有人会为理想而奉献。由此联想到,在当今"天下熙熙皆为利来,天下攘攘皆为利往"的中国,年轻人追求的何尝不是物质生活呢?

坐在右侧的是地拉那大学的K先生,此人的年纪大约在五十岁左右,有着巴尔干人的粗犷脸部特征。当其他人在相互交流时,他在一旁一声不吭地大快朵颐。酒足饭饱之后,他一边打着饱嗝,一边向邻座的几位客人介绍该国的一些情况。在以后的交流中,让人感到极为吃惊的是,这个年龄段的知识分子对上世纪1950至1970年代中、阿两国从亲密关系直至最后交恶的原因知之甚少。在那段长达二十多年的中、阿关系蜜月期,中国一直对该国在中、苏论战中站在中国一边给予高度评价。作为回报也为该国提供了大量经济援助。统计资料显示:1970年至1978年,阿尔巴尼亚的年人均生产总值为1100美元左右,而中国同时期的同类指标仅为160美元,只占前者的大约七分之一。1978年后,中国停止外援,此后的统计资料显示:1979年至1990年,阿尔巴尼亚的年人均总产平均值下降到800美元左右,可以想象,1979以前该国年人均总产值中超出800美元的很大一部分来自中国援助。所幸这种不合理的国际援助终止了,不然中国人民不知还要付出多大的代价。K先生唠唠叨叨地翻出成年旧账:两国关系破裂影响了他们的市场供应,一度甚至出现物资匮乏和主食品、副食品脱销。在那段时间,他父亲不得不每天清早四、五点钟去农村排队买牛奶,如果运气好的话,排上几个小时队后可以买回几升牛奶。中国援助阿尔巴尼亚几十年,最后换来的竟然是这一类的抱怨。

五

三天前来接机的司机一早就来旅馆等候。汽车在能见度不过十来米的晨雾中驶向机场。去机场的时间充裕,一路上仍然与司机闲聊。到达机场后,由于登机时间尚早,坐在候机室的咖啡吧,一边喝着黑咖啡,吃着牛肉饼三明治,一边梳理此行的一些观感。

二战结束后的很长一个时期,即使在东西两大阵营对峙的冷战期间,欧洲也非常幸运地一直处在和平环境中,许多欧洲国家都在利用这个时机发展经济。然而在霍查当政时期(1946—1985),阿尔巴尼亚并未把握历史良机,把发展经济建设、改变国家贫困面貌作为主要目标,而是把邻国当成假想的敌人,动用大量人力和财力修建了几万个碉堡以及暗道。这些盲目投入既不能提升国力,也无法增进民生福祉,完全是劳民伤财之举。

在国际事务中,中、阿两国曾经是几十年的盟友。在两国关系的友好时期,中国给该国提供过大量经济援助。那时中国实行计划经济,老百姓过着节衣缩食的艰苦生活,而国家每年却要向比自己富裕得多的阿尔巴尼亚提供外援,这种情况一直维持到1980年代初期。中国削减了对该国的援助后,竟被指责为"修正主义"和"最危险的敌人"。对外援助最终导致大恩养仇的结果,人们应该从中吸取哪些教训呢?

当年计划经济留下的是一堆烂摊子,这里没有吸引外资的必要交通运输、电力网络、通讯网络等工业基础设施,加上体制转型过程中的国有资产流失,这些都给正在实施的改制增添了困难。目前,老百姓关心的主要问题集中在如何解决高失业率、如何控制通货膨胀和降低犯罪率,而这些问题只有在市场经济进入正轨和法制健全后才能逐步得到解决。

阿尔巴尼亚在体制转型后经过二十多年的努力以及欧盟的援助（例如制止1997年的暴乱），在政治上已经逐步走向民主化，在经济发展方面也已经有了长足的进步。目前，年人均生产总值超过了4700美元，比体制转型前增长了至少五倍以上。2009年，该国加入了北大西洋公约组织，前不久被欧盟接纳为候选国，但要满足入盟的"哥本哈根标准"，也即：在政治方面，实行民主制和法制，尊重人权和保护少数族群；在经济方面，实行市场经济；在法律方面，接受欧盟法律中的公共法以及各项规则和政策——前面的道路仍然会是漫长的。

2015年11月，德国

注释

[1] 德莱莎修女（Mother Teresa, 1910-1997），1979年诺贝尔和平奖获得者。

[2] 恩维尔·霍查（Enver Hoxha, 1908-1985），阿尔巴尼亚政治家，曾任阿尔巴尼亚劳动党中央委员会第一书记、阿尔巴尼亚部长会议主席。

[3] 乔治·菲什塔（Gjergj Fishta, 1871-1940），阿尔巴尼亚作家。

[4] 穆罕默德·乔勒沙（Muhamet Gjollesha，生卒年不详），生平不详。

[5] 乔治·斯坎德培（Gjergj Kastrioti Skënderbeu, 1405-1468），中世纪阿尔巴尼亚著名将领，以多次击退鄂图曼土耳其主力大军而闻名。

[6] 穆罕默德·谢胡（Mehmed Shehu, 1913-1981），阿尔巴尼亚政治家，1954年到1981年担任部长会议主席（政府首脑），是仅次于第一书记霍查的第二号人物。

[7] 伊斯梅尔·卡达莱（Ismail Kadare, 1936-2024），阿尔巴尼亚著名作家，曾多次获得诺贝尔文学奖提名。

人物随笔

友情两代人

麦琪儿

随着年龄的增长,常常与闺蜜聊起那些令人难以忘怀的往事,这些回忆不仅涵盖了我们的经历,还牵绊着我们的父辈和兄弟姐妹们……

在我成长的过程中,虽然有过很多同学、好友和发小,但几十年来能够保持联系的却为数不多。

小时候,我与明子是邻居,她家住在我家前面一排,她比我小两岁。虽然我们在一起玩的时候不算很多,但我们因为家长的关系经常在一起。听爸爸说,明子爸爸是他的大学同学,也是他的好朋友。爸爸总是称赞明子爸爸足球踢得很好,不仅是学校足球队的主力队员,还是华东地区高校足球队的成员。明子的爸爸、妈妈和爸爸在同一个系工作,所以,他们系里的老师我们小孩子也都熟悉。记得在文革前,我、妹妹和明子常常跑到宿舍 B 区去玩,那时爸爸系里的一位我们叫她高阿姨的老师生了个儿子,那个小孩长得白白胖胖的,非常可爱。我们跑去主要是看那个胖娃,其余的时间就在那个区的走廊上跑来跑去捉迷藏，那栋楼与宿舍其他的房子不一样，有长长的走廊。那栋楼里还有好几位爸爸系里的老师。

中学以后，我被分配去了农村，过了两年明子也被分配到了那里，和我在同一个大队。她的小队离我的生产队只有十分钟的步行路程，我有时间就会去她那里玩。记得在她刚来乡下的时候，每个知青都已经有了自己的房子。有时我去了她那里，晚上就住在她那里了。我离开生产队去社办学校代课后，和明子见面的机会就减少了，但在周末回家时常常遇见明子的爸爸。明子的爸爸和爸爸是好朋友，又住在前后排，他们交往频繁。明子的爸爸和爸爸一样，是位和蔼可亲、没有架子的家长，他们在宿舍里深得许多孩子们的喜爱。我印象最深的是他曾来我们家，教我们如何炸猪排，如何将猪排炸得外酥内嫩，还教我们制作鸡蛋色拉。他能说出各种佐料和烹饪词汇，用上海话里夹着英文介绍西餐中的番茄沙司和沙拉等。那时我有些疑惑：明子的爸爸怎么会精通做西餐呢？直到前几年在与明子的闲聊中，我才得知明子的爷爷曾在上海和一位美国人一起开过西餐馆。新中国成立后，那位美国人希望明子的爷爷一同前往美国，但他却没有去，选择了留下。

恢复高考时，明子考上了江西的一所大学，从此之后我们很少有机会见面。多年以后，我们都来到了北美。巧合的是她的先生是我同学的哥哥，尽管我们并不十分熟悉，但也都互相认识。在北美结束学业、工作稳定后，明子的家与我弟弟的家相距不远，因此我们见过好几次面。

有一年我回国探亲，爸爸告诉我明子的爸爸研制出了一种药物，在中国获得了专利，他为明子的爸爸感到高兴。可以看出，爸爸和明子的爸爸之间的友谊是非常深厚的。多年前，当爸爸生病住院时，妈妈告诉我，明子的爸爸常常去看望爸爸。后来，明子的爸爸也生病了，就住在爸爸住院的楼下。妈妈有时去看望他，他总是挂念着爸爸。后来，这两位老人在同一家医院相续离世。我想，在另一个世界，他们仍然会是好朋友的。

小时候，我和安琪虽然不住一个宿舍，但彼此是很熟悉的。安琪的爸爸妈妈与我爸爸妈妈是同乡，所以提起老家，大家都感到很亲切。她比我小一岁，她有两个妹妹。大妹妹和我妹妹是同班同学，也是好朋友。与安琪的交往是在乡下开始的。我下乡以后不到一年，安琪和她的好友玫瑰被分配到了我在的大队，她们与我的好友桃子住在另一个队里。那个队离我的生产队步行大约要二十分钟。不出工的时候，我们四个女孩子常常在一起做饭、唱歌、聊天。有时会四个人睡在一张大床上，现在想来都觉得有点不可思议。安琪的手很巧，是织毛衣高手，可以织出各种花样款式的毛衣，我们大家常向她请教。农忙结束后回上海时，我们会叫上明子，五个人去南京路、淮海路逛街，去照相馆照相，去德大、红房子西菜馆品尝西餐。还有一次，我们五人带着安琪的小妹妹一起去杭州玩了好几天。从农村回城后，大家各奔东西，求学、读书、养儿育女。

　　二十多年前，安琪移民到了北美，虽然我俩住得很远，但可以经常通电话。现在有了微信，来往就更多了。有一年，安琪的爸爸妈妈来北美旅游，安琪还陪他们顺便到我家来做客。我每次回国探亲，一定会去看望两位老人。安琪如果回上海，也一定不会忘记去看我父母。前几年，安琪的妈妈想去养老院试住，她建议让我母亲也去试试，做个伴。我母亲去试了，后来就一直住在了那家养老院，要是没有安琪妈妈的建议，老人家还真是不愿意去呢！

　　玫瑰是与安琪一起长大的好友，她是家中姐弟四人中的老大。她的妹妹和安琪的妹妹一样，都与我妹妹同岁，也是同班同学。她的小弟弟和明子的弟弟以及安琪的小妹妹也是同学。玫瑰一家在那个校园区几乎人人皆知，因为她的父母都是那里一所中学的老师。玫瑰的爸爸是资深的数学老师，妈妈是化学老师。他们虽然都没有教过我，可玫瑰的妈妈曾经教过我妹妹化学课。

　　我们几个女孩子都会用缝纫机做已经裁剪好的衣裤，只有玫瑰会量体裁衣。在乡下的时候，我们几个在农忙结束回城时，就会去买衣料，让她帮我们裁剪，做大家喜欢的各种式样的服装。

记得那次一起去杭州玩时，安琪的妈妈托人给我们介绍了一个部队的招待所，这样我们可以住得比较舒服一点。玫瑰当时是个小向导，拿着地图，计划每天的行程和计算每天的 AA 制费用，让我们无忧无虑地在杭州玩了好几天，走遍了杭州的景点，尝遍了杭州的美食。

在农村的那些日子里，由于地里劳动十分艰苦，大家都想尽办法摆脱地里的体力活，争取做一点能够发挥个人特长的工作。比如说安琪、玫瑰还有我后来都去了社办学校代课，明子在她的小队里做会计。记得有一段时间，公社里主办了各大队青年的文艺演出，我们大家都积极参加了，还自编自演了一些歌曲，我们的表演受到了大家的称赞。记得那次要上舞台演出，我们化完妆照着镜子，由于是第一次，都觉得自己真好看。后来安琪还说，那天晚上她还真舍不得卸掉脸上的油彩。

在我们大家从农村出来去上学之前，我们有一次在玫瑰家一起玩，玫瑰的爸爸看着我们几个女孩叽叽喳喳，非常高兴。他那天说的一句话，我一直记得十分清楚。他说："麦琪，你看上去很有'福相'，以后会有福气的。"当时还真不知道"福气"到底是什么意思。

玫瑰的妈妈住得离我父母家很近。我每次回去探亲，妈妈总是会告诉我她所知道的玫瑰妈妈的情况。有一次她说："玫瑰的妈妈现在走路有点困难，但还坚持推着辆自行车走路。"在后面的岁月里，每逢回去探亲，只要有机会，总会去看看玫瑰的妈妈。最后一次去看她时，她说认不出也不记得我是谁了。然而令人吃惊的是，她却记得我妹妹曾经是她的学生，甚至还能叫出我妹妹的名字。一位年近九十岁的老人记得几十年前学生的名字，真不容易。

几年前，玫瑰来北美参加朋友女儿的婚礼，正巧就住在明子家附近，我们大家都从各地赶去，一起参加了明子夫妇邀请的聚餐。几十年未见，大家相见甚欢，特别是能在北美相聚，更是难得。

两代人曾经在同一个地方生活了几十年，父辈中有些是同事，有的甚至还是挚友，我们的兄弟姐妹也都是同学和发小。如今我们的父母大多都已离世，而我们也早已经有了各自的孙辈。然而，当我们提起往事的点点滴滴，都会感到十分亲切，同时也让我们更加珍惜两代人的友情。

2024 年 3 月，美国

小学里的支老师

麦琪儿

在漫长而又短暂的人生旅途中,有些印象深刻的人和事会深深地印刻在心里,令人终生难忘。

许多年前,当网络和电子邮件刚兴起时,一位好友通过邮件告诉我,她和同学们计划组织一次小学同学聚会,并且邀请了几位曾经教过我们的老师。她还特别提到了一些将要出席的老师的名字。当我看到邮件时,心中立刻萌生了一个念头:我要借此机会,给我小学四年级的语文老师——支老师写一封信。于是,我把信通过电子邮件转交给了她。以下是那封信的内容:

敬爱的支老师:您好!

听王同学说她邀请了您参加聚会,我绝不能错过这个机会。自从您教我们以来,已经过去了四十年。期间,我们从未联系过。您或许不会想到,我会在这时写信给您。毕竟,您教过那么多学生,怎会记得我呢?而我,当年只是一个普通、胆小、又害羞的小女孩。然而,您的形象却深深印在了我的心里,您的威严、您的认真,还有您那难得一见的微笑,都让我难以忘怀。

那已经是四十年前的事了。四年级时,您是我们的班主任,也是我们的语文老师。在大家眼里,您是一位非常"凶"的老师,几乎不苟言笑。我清楚地记得,您要求我们在您出现在教室门口时必须保持绝对的安静,并且要把双手放在背后。有一次,教室里一片喧闹,同学们并没有注意到您的到来,因此未能及时遵守您制定的规则。您非常生气，要求找出谁在您出现时还在说话。然而，大家都不承认，这让您更加生气，觉得必须找出一个人来警示大家。突然，我的同桌举手，指着我说我在您进来时讲话。其实，当时说话的人很多。您说："好吧，下课后来我办公室。"我感到非常委屈，但却不敢申辩。下课后，我被叫到了您的办公室。当时我非常害怕，以为您会大发雷霆，或是受到严厉的惩罚。您问我："你说了什么？"我保持沉默。时间很快过去，当上课铃响起时，您说："去上课吧，明天下课再来。"就这样反复了两三天。每次去办公室，您让我站着，问我那天说了什么。最终，我鼓起勇气告诉您我当时的话："快别吵了，他（您）又要发火了。"我以为您会更加生气，然而让我惊讶的是，您笑了。我心里既惊讶又侥幸。您并没有责备我，只是平静地说："下次不要乱说话。去上课吧。"

从那一刻起，我突然意识到，您并不如我们所认为的那样"凶"。在您威严的背后，我看到了宽容；在"凶"的表象下，我感受到了善良。从那以后，我不再害怕您了。后来，在一个暑假里，您让我们几个住在同一个宿舍的同学一起组织一个图书组，把各自的连环画和书放在一起轮流阅读。有一次，您来检查，我们需要走楼梯去存放书的同学家里。当时我还带着两岁多的弟弟，因为他太重我抱不动，是您帮我把他抱上了楼。

您对我们的学习要求极为严格。每天早晨，您会让我们听写生词，背诵课文。我记得，为了应对您随时可能的抽查，我经常早起背书，这个习惯在我后来的学习中受益匪浅。我还清晰地记得您教我们如何朗读课文，怎样读得生动有表情。至今我仍记得那篇《寒号鸟》，您要求我们读得有声有色："哆啰啰，哆啰啰，寒风冻死我，明天就垒窝……"我们模仿您的样子，但始终达不到您的要求，您让我们一遍又一遍地练读。当时我想笑却又不敢。

您的严厉在学校里是出了名的。后来我也成为了一名教师，我深感适度的严格是必要的，尤其是面对小学生。如果课堂不能保持安静，就很难教好每一位学生。一个无法掌控课堂的老师，绝不算是称职的老师。

四十年过去了，您一切都好吗？这些年来，世事变迁，世事沧桑。不管您是否还记得我，我都要感谢您对我们的严格要求，感谢您对教育的执着，更要感谢您那一笑，化解了我对您的畏惧，变为敬仰。再次祝您身体健康，万事如意！

您的学生
麦琪儿 敬上
2005 年 2 月

过了一段时间，好友来信告诉我，他们的聚会非常愉快，还有一位同学在聚会上念了我给支老师的信。支老师读了信后非常感动，他没想到他当时的"惩罚学生"的方式竟然在学生心中留下了如此深刻的印象。

说到支老师，在我的记忆中，他不仅是四年级的班主任，也是五年级部分时间的语文老师。他对我们要求严格，每天让我们背诵课文，抄写生词，并在早读课时进行抽查。为了完成他的作业，我常常很早起床背书，这个习惯也让我在以后的学习中受益良多。

一年后，我回国探亲时，好友们再次组织了一次小学同学聚会，也邀请了当年的几位老师。那次聚会有很多人参加，支老师也来了。在闲聊中，我得知他和儿子不久前去了一次西藏，身体状况还不错。虽然他当时已年逾七十，但看起来精神抖擞。然而，几年后，我听说他因病去世了。

随着年龄的增长，童年的许多记忆反而愈发清晰。支老师只是千千万万教师中的一位，但他对教育的严格态度，以及他对小学语文教学的独特方法，深深影响了我，并成为了我后来教学生涯中的借鉴。借此文缅怀支老师，那一笑，曾让我从惧怕走向敬畏……

2024 年 8 月，美国

我的同桌

麦琪儿

这几天整理旧书信时，找出不少琼的来信，数了一数，一共有十九封，外加一张圣诞卡。粗略浏览了一下，这些都是1997年至2003年的通信。大部分信都写满了二、三张信纸，这在现在看来，好像有点不可思议了。1997年的那封是她与我在美国第一次联系上以后写的，信里面还夹着她的全家照。

我和琼是从小在大学校区一起长大的孩子。从幼儿园起，我们就在一个班。她在女孩子中算是长得比较高的，我们几个好像总会跟着她。记得她很喜欢画画，拿着笔和纸，就会画出几个像模像样的小人。我和另一个女孩也喜欢画，可每次画出来的都远不如她画的好。琼有一个会闭眼睛的布娃娃，有一次她带来给我们玩，大家都很喜欢，同时也很羡慕。后来我就要妈妈给我买一个，但是妈妈没有同意，说五元钱一个娃娃太贵，没有给我买。长大后我才知道，当时上海地区每人每月的平均生活费只有九元钱。

我和琼上小学时也在一个班上。由于她住在另外一个宿舍，我们在校外一起玩的时间不多，偶尔大家也互相窜门。我不记得是否去过琼的家，可在一次通信中她告诉我，她小时候到我家去玩时，听我外婆讲好听的苏州话。在学校的课间休息时间，我们女孩子总是一起跳绳、跳房或跳橡皮筋，琼个子高，因此那个跳套辘轳的橡皮筋游戏我们总是赢不了她。

那个时候，我们小孩子手里有了一点零花钱，放学后就会结伴去学校旁边的商店里买零食，三分钱一包盐晶枣，两分钱一包陈皮条，而话梅就要五分钱一包了。我们一般不舍得买话梅，想着五分钱可以买盐晶枣和陈皮条两种零食了。印象中琼好像是我们女孩子中的"小领导"，她那时确实做过我们班的少先队中队长。有一次，琼在一封信中提到："童年时大家在一起，有时会有一点小吵小闹，但彼此之间没有功利，十分开心。在小学的一到四年级期间，我们渡过了快乐的童年生活。"是啊，那是我们至今怀念的无忧无虑的年代。

后来进了中学，小学里一个班级的同学都被分到各个班，而我和琼仍然被分在一个班，老师还让我们两个坐在一起，我与她算是同桌了。记得我和琼坐在靠门的最后一排，我们两个上课下课时老是叽叽咕咕，好像老有说不完的话。那个时候学校里很乱，上课也是闹哄哄的。然而，我们却始终循规蹈矩，每次都按时完成老师的作业。有一次数学考试，我和琼都得了满分，为此还得到了数学老师的表扬。

女孩子当然有些喜欢的玩意儿，那个时候大家都学着用彩色的塑料玻璃丝编各种东西。琼的手很巧，总会做出各种各样的玻璃丝编织品。有一天，她高兴地带着完成了一大半的玻璃丝白色天鹅给我看，她编得十分精致，白色的天鹅额头上还用了红色的玻璃丝，我真是喜欢得爱不释手。上课铃响起时，我们两个还在琢磨探讨，结果被一个工宣队员从后门的玻璃窗里窥见了。他走进教室，二话没说，就把那只白色玻璃丝天鹅没收了。那个工宣队员很胖，走路时地板都会震得咯咯作响。他从来不笑，学生们都怕他。那天下课后我们也没敢去找他把玻璃丝鹅要回来。我们两个真是懊恼极了，太可惜了呀，那么漂亮的小白天鹅就这样没了。

后来学校里组织读《水浒》写书评，我和琼也很积极。我们去学校图书馆向老师请教，在图书馆老师的帮助下，写了书评。我们的书评还被贴在学校的墙报上，当时还觉得很骄傲呢，可现在已经想不起来到底写了些什么了。

初中那一阵大家都在读《钢铁是怎样炼成的》，《青年近卫军》等小说。琼有个与她最好的朋友,是隔壁班上的竞。每次一下课,竞就会来到我们的教室,讲她的读书体会以及她读过的书。印象最深的就是有一段时间,竞每天都会来给我们讲她正在读艾捷尔·伏尼契的《牛虻》,大家每次都被她有声有色地描述书中的亚瑟所吸引。后来我们大家也都去读了《牛虻》这本书。

中学毕业后,我和琼就分开了。我去了农村插队落户,琼的哥哥姐姐都去了乡下,她就被分配到大学的校办工厂工作。再后来听说琼和父亲的一位研究生结婚了,这个研究生我还见过,真为她高兴。有一天去母亲家,得知琼带着女儿正好在她母亲家,我赶忙过去看她。那是中学毕业后的第一次见面,大家感慨青葱岁月已悠然流逝。

我们在八十年代中陆续来到了美国,读书,创业,各忙各的,等安定下来再找到彼此的时候,已是十多年以后了。从那时起,我们开始了通信。我和琼都喜欢写信,她在一封信里曾经写道:"希望你能常常来信,哪怕只有一页也是好的。"

这些信件的内容里,大多谈的是孩子们的成长、旅游的心得、搬家买房的感想,还有我们各自的工作等等。有时也会谈到对时事和宗教的看法和感受。琼有一封来信长达六页,信中她谈到了全家回国期间去海南旅游的心得体会,这也是她回复我给她的三页欧洲旅行的信件。

随着互联网的发展,我们手写的信件渐渐减少,信件变成了偶尔的电子邮件或是电话。很巧的是,我有次回上海探望父母,那段时间琼也在那里,小学的老同学们还为我们同时回国搞了一次聚会,把以前的小学老师都请来了。难得的相聚,大家都很高兴,同时感叹时光飞逝,岁月匆匆。

后来琼因她丈夫换了工作,搬去了西部。我每次去那个地方有空定会去拜访她。前几年,因疫情突发,我们安排的旅游日程受到了影响,结果还去琼的家里住了几天,这真是太难得了!在她家的几天里,我们欣赏了她精打细造的花园,除了花花草草之外,还有果树,令人感到赏心悦目。琼的家中挂满了她多年来画的油画，有静物，有风景，还有人物肖像，这些作品展现了她儿时的绘画天赋。她告诉我，她把每一幅画都当作自己的孩子，都不舍得送人呢……

从玩娃娃的女孩子到如今，六十多年过去了。我们的来往如潺潺流水，平平淡淡。我想这样的友情是真挚的，是精神上的契合，它犹如一杯清茶，散发着淡淡的清香。前几天我们通微信时，琼对我说："从幼儿园到今天，这样保持的友谊太珍贵了！"我说："是啊，我们要争取继续下去。"

2023 年 9 月，美国

闺房里的桃子姐姐

麦琪儿

闺蜜这个词以前似乎没有听说过，也没用过，现在算是了解了它的具体意义。我们以前一起插队下乡的同伴、至今还保持着友谊的，算是闺蜜了吧。于是，我们自己组了一个微信群叫闺房，闺房里共五人，桃子、安琪、玫瑰、明子还有我。我们曾经是那个艰苦岁月里同甘共苦的姐妹。今天就来说说桃子，她是闺房里年纪最大的，我们都叫她桃子姐姐。

与桃子姐姐相识相知已近五十年了。我们早在中学时就互相知晓，因为不是一个班的，所以没有说过话。中学毕业后，我和桃子姐姐一起去插队，从那时起，和桃子姐姐的交往越来越多，彼此逐渐了解，慢慢地成了最好的朋友。

1973年刚过元旦，我们就被学校的车子送到上海与江苏省边界的公社插队。我和桃子姐姐被分配在一个大队，但在两个不同的小队，两个小队的距离大概步行20分钟。上海农村的农民是十分繁忙的，一年四季要种的油菜、棉花、水稻和小麦，可以说每个人每分钟在地里都有事做。当时队里有些男劳力去上海城里做装修，另一些去社办企业做工，还有的去参军，外出的男劳力只有在农忙收成时回来帮个忙，因此女农民几乎是队里的顶梁柱。只要不下雨，每天都要去地里干活。但只要下雨，一般就不出工，那是我们最开心的日子。如果下雨不去地里劳动，我就步行到桃子姐姐的队里，在一起做饭、聊天，常常夜不归宿。那年我们才十六、七岁，从城里到乡下要学会做很多从来没有做过的事：在灶上烧饭、从井里打水、倒马桶等。我和桃子姐姐从小住的地方都有抽水马桶，所以倒马桶还真是件要学的事。每次拎着马桶到河边去洗刷时，心里总不舒服，这个河边还要洗衣服，洗菜啊！家中以前一直用煤气，煤炉都没有用过，现在要用柴火在灶上做饭，还真是不容易，一开始做了好多次夹生饭。

在乡下的日子里，我和桃子姐姐不知不觉地互相帮助，互相陪伴，如同有了自己的亲人一般。桃子个子很小，人也长得瘦，农民们比较同情她，让她干一些较轻的农活。可是一到农忙，大家都忙得焦头烂额，这时往往就没有人来相助了。记得第一、二年的双抢季节，桃子姐姐的妹妹和我的妹妹还是中学生，她们暑期来帮我们烧饭，否则我们就根本没有做饭和吃饭的时间了。双抢是指七月底至八月初立秋之前，要收起一季成熟的稻子（籼米），然后马上犁地打水再插秧，种下秋天收的又一季稻子（大米）。所有这些农活要在大约十天里完成，为了抢时间，每天大约要工作十六、七个小时。

过了不到一年，桃子的队里又分配来了两个插友，是闺房里的安琪和玫瑰。这样一来，我去的次数更多了，她们有时也到我的队里来。我们在一起烧饭、聊天、唱歌，晚上四个人睡在一张床上。现在有时说起来还纳闷：当时四个人怎么能挤在一张床上？我们都是家中的老大，相对来讲互相比较谦让，而桃子是最谦让人的一个，她总会设身处地为其他人着想。安琪和玫瑰刚来的时候，为了安排她俩的住宿，桃子还暂时搬到一间与牛棚相邻的屋里住。我也在那间屋里住过。每到晚上都可以听见牛睡觉的打鼾和呼吸声。后来政府算是给插队青年每人造了一间房，这才解决了与耕牛为邻的问题。

有一年春节，我和桃子姐姐还有她妹妹一起去南京。当时是春节期间，买不到普通的火车票，我们就买了棚车票去了南京。那是第一次也是唯一的一次坐棚车，因为是运货物的车厢，里面没有座位，角落里用廉子拉着，里面有个马桶用来上厕所。那天车厢里除了我们三人外没有其他人，在车上足足坐了五、六个小时才到达南京。桃子姐姐和我在南京都有亲戚，所以到站以后，我们就各自去了亲戚家。我的堂哥还带着我们去雨花台、鸡鸣寺和玄武湖玩。第一次去那里，觉得样样都新鲜，所到之处都能领略秀丽的自然风光，特别是冬天的玄武湖，寂静、优美，远山近水让我们三个少女高兴得不亦乐乎。

后来只要农忙季节一过，我们几个闺蜜就会结伴出去玩。大家多半会去上海市区逛公园、逛街，还去品尝美食。记得有一次我们去红房子享用西餐，明子建议我们点了奶油蛤蜊和其它的西菜。西餐固然很好吃，可是我们怎么也不会用刀叉，后来还问服务员要了筷子，才结束了那顿美食。

第一次高考时，我和安琪、玫瑰已在公社各校代课，这对我们准备考试有不少帮助。可是桃子姐姐当时还在生产队里，我都不知道她是如何准备考试的。结果桃子姐姐没有考上，大家都很失望，也为她感到惋惜。可是桃子姐姐说没关系，明年再考。78年后的几年里，我们大家各奔东西，读书、工作、成家、出国。后来才知道，桃子姐姐后来因为回城政策，到了一家集体小工厂工作。她一进工厂就积极参加学习进修，厂里晋级考试名列前茅，从而得到了比较理想的职位。桃子姐姐不断努力刻苦学习，一边工作一边读书，陆续取得了几所高校的会计、金融管理的学位，为她后来立足宝钢集团财经银行业奠定了基础。

我到美国来了几个月后，有一天突然收到了桃子姐姐的来信，告诉我她要结婚了。这真是个好消息！我马上去买了一张卡寄去祝贺。我第一次回国时见到桃子姐姐，她的一句话使我至今难忘，她说："我们分开那么久了，以后要一直保持联系啊！"从农村出来到我第一次回国，差不多二十年过去了。在这些年里，我们大家一直忙啊忙，总算是立足安定下来了。我没有辜负桃子姐姐的愿望，从通信，电子邮件至今天的微信，一直与她互通信息，从不间断。现在每次回去，都会和桃子姐姐相约一起出游，只要有空就会在一起聊天聚餐，而且无话不谈。桃子姐姐的母亲很早就去世了，当我有时抱怨我母亲固执时，桃子姐姐总会说："好啦，不要烦了，至少你还有妈妈在。"我心里还真有点愧疚。现在疫情肆虐，母亲在养老院里，我暂时不能回去探望，桃子姐姐常常与她通微信，有空就去看她。有什么要处理的事，桃子姐姐都会去帮忙关照。对此我真是万分感激！

  人们常说，友情是最宝贵的财富。我和桃子姐姐能有今天的友谊是我们双方努力的结果，也是一种缘分。一封信，一张贺卡，一句问候，我们互相的关心和牵挂，无论在何处，都会有一段温馨的回忆陪伴着我们。愿这份友情在未来的余生中永远继续……

2022 年 1 月，美国

重游杭州再续友情

麦琪儿

这次回上海之前,就与友人们在电信中联系,安排了在五一黄金周去杭州一游。盼望这次杭州之游已好久了,由于大家分住在各地,又在不同的国家,很难有空聚在一起。经过大家事先的协调和安排,这次的计划总算是有了比较理想的安排。

三十多年前的1976年夏天,我们曾经一起去过杭州。那时我们还在农村插队,也都差不多只有二十岁。大家在忙完双抢后,就结伴去杭州玩。那次同行的一共有六人:玫瑰、安琪、桃子、明子和我是知青,还有安琪的小妹妹悦,她是中学生。我们到了杭州安排好了住处后,就买了地图去风景区了。我们乘公共汽车,再加步行,几天里把杭州市内及近郊的风景区都跑遍了。大家都是第一次到杭州,到了西湖边,犹如进入仙境。当时的感觉是:西湖真美,而且湖边景点的名称又都那么富有诗意,比如:苏堤春晓、柳浪闻莺、花港观鱼、平湖秋月、三潭印月等。我们还去了钱塘江、灵隐寺、黄龙洞、虎跑、龙井、九溪十八涧等地。最有意思而且印象最深的是,我们从九溪步行到龙井。那天特别热,满水壶的水都不够喝,我们边走边在路边的泉中嬉水,穿过竹林时,我们高兴极了。大概是太热的缘故,一路上没遇见几个行人,只偶尔看见几个农民在茶地里。我们当时拍了许多照片,可惜用的是135的照相机,画面小得现在都看不清大家的容貌,要是当年有现在的照相机,不知会记录下多少让人快乐的瞬间呢。虽然当时又热又累,但似乎精神亢奋缓解了疲劳,真不知是景还是情让大家都感觉十分开心——应该两者兼有吧。

这次去杭州，游伴有了变化。安琪没有带她的小妹妹，而桃子则带了她的女儿，她是大学生，与我们当年的年纪差不多。这次的导游是当年我们一同插队的知青鼎。鼎与大家一样，后来去读了书，毕业后被分配在杭州铁路局工作，以后就在杭州安家落户了。他现在是杭州铁路分的主要行政干部之一。我们借他的光，能舒舒服服地观赏这个江南最美的城市。

再次来到风景如画的杭州，西湖仍然是那么宁静，那么景色宜人。湖中的景点虽然有过多次修缮，但还是保留了原来的风貌。苏堤和白堤是江南最美丽的景点之一，到了那里，仍然可以找回当年如入仙境一般的感觉。当然，杭州的市容已经完全变了，变得更富丽与繁华、更现代化了。由于是五一黄金周，全城的交通特别拥挤，但我们有鼎的小车，行动很方便，只是有些景区由于人多不通车，步行又太花时间，这次只能走马观花地观赏一下了。与当年一样，我们又走了一遍苏堤，虽然人很多，没有那种幽静的感觉，但西湖以它特有的美令人流连忘返。我们去逛了商场，又去了和坊街，购物的时候也趣事横生。在国外生活了多年，感觉国内的很多东西都太便宜了，但大家还是要帮我"杀价"。杭州的真丝产品有名，我买了几样小礼品，打算回来送给外国友人。

鼎在杭州住了那么多年，对当地的"吃在哪里"了如指掌。他陪我们去了真材实料、价廉物美的地方，吃了农家饭，品尝了片儿川和西洋点心，我还是第一次吃农家饭。据说现在城里人吃厌了各式餐馆的菜肴，想吃乡下人的粗茶淡饭了。所谓粗茶淡饭并不是一般的饭菜，而是自家种的蔬菜、自家饲养的鸡和自家酿制的酒。后来发现农家菜餐馆到处都是，不禁自问：这些是否都是真的？在农家菜饭店中给我留下印象最深的是黄酒，那是从酒缸里倒出的黄酒，忘了是多少年的陈酒了。我还是第一次喝又香、又浓、又纯的黄酒。从前下乡时，由于我的酒量比较好，老也喝不醉，而且脸也喝不红，就凭这个酒量，参加了好几次乡下女孩的婚礼，代她们"陪酒"，与各桌敬酒的客人干杯。

我们无意中又看了一下地图，杭州的景区范围还不小，我们当年居然在几天里把几乎每个地方都跑遍了。如今不知是懒呢，还因为年纪不饶人了，大家只去了几个最主要的景区就想休息了。

重游杭州，除了欣赏名胜古迹，领略城市的风光，也使我感受到了弥足珍贵的亲情和友谊。在过去的三十多年中，大家通过各自的努力走出农村，读书、工作、恋爱、结婚生子，后来又出国深造、读研究生、当教授……尽管大家各奔东西，但即使再忙也从没间断联系，哪怕只是在过年的时候寄张贺卡，或者打个问候电话。正因为有平时这些点点滴滴，才使我们这些从小生活在复旦村庄的孩子能再次结伴游杭州，再续当年的友情。

希望我们来日还有这样的机会，旧地重游，回忆那逝去的时光，重温那美好的年华。

2007 年 8 月，美国

我的校外辅导员

夏 阳

刚进小学那会儿，每到寒假和暑假，学校都会请一些中学生担任校外辅导员，由他们安排我们的假期业余活动，比如，做公益活动，在住宅区内打扫环境卫生，也会组织大家一起参加学校的体育活动，比如年级之间的乒乓球赛，到附近的游泳池练习游泳。

我们当年的校外辅导员是邻居家的张家大哥，他那时是大学附中品学兼优的66届高中生。他是一个很和蔼的大哥哥，在我们这些小学生中享有很高的威信。有一年暑假，张大哥组织我们搞纳凉故事晚会。他给我们安排了任务，要我们轮流给其他人讲故事。有人讲了《林海雪原》的片段，也有人讲了《红岩》的片段。至今记得他给我们讲的是一个三轮车工人的故事。故事的主人公程德旺是个一心为乘客着想、助人为乐的普通三轮车工人。有一次，因为乘客给的地址没有写清路名，程德望花了大半天时间，经过多次寻找才把乘客送到目的地，但他并没有因为多花了时间而多收车费。张大哥用这个故事教育我们，在我们的社会生活中，如果每一个人都能为他人着想，不计较自己吃点亏，也不在乎被人讥笑为"戆大""寿头"，这个社会就会变得更加美好。

就在他们那一届中学毕业生即将参加高考的前夕，"文革"爆发了。学校停课搞运动，高考也被取消了。张家大哥是思想作风正派的学生干部，看不惯大学里和附中里揪斗各级领导干部的乱象，也很反感造反派动用"喷气式"批斗大学校长的野蛮行为，他站出来为校领导辩护。在学校各级领导被打倒和靠边站以后,他也因为保校领导成了"保皇派"。到了1968年,他被分配到黄山茶林场工作,在那里担任一个连队的指导员,负责管理整个连队的生产和日常生活。

1971年8月,摄于安徽黄山

1971年暑假期间,他在休完年度探亲假回茶林场时,带着他的小弟弟和我一起返回茶林场。我们来到茶林场后,和知青们共同生活了一个星期。在那段时间里,大家白天一起参加劳动,晚上和知青们一起乘凉、聊天。有一天,连队里发生了一件不愉快的事:有个上海知青因一念之差拿走了同宿舍另一个知青的钱。由于害怕被连队处分,这个知青擅自离开连队,沿着山间的小溪走了很远。后来大家花了好长时间才把他找了回来。张家大哥找来几位和这个小青年关系较好的老知青,让他们和这个小青年个别交心。在大家的帮助下,这位知青不仅归还了拿走的钱,也对自己的不当行为有了认识和悔改的表示。事后张家大哥说,对待一时犯糊涂的年轻人,应该及时批评教育,但也要给他们改正过错的机会。

"文革"结束后，知青们先后返回城市，张家大哥坚守工作岗位，最后离开农场回到上海。他先在一所小学工作，后来通过自学考试获得了律师执照，成为区里的一名民事调解员。在他工作的地区，许多闹上法庭的家庭经耐心调解后，家庭成员之间取得了相互谅解。

　　最后一次见到张家大哥是 2002 年回国休假期间。那天在小区门口遇上他陪着年迈的老母亲散步，由于天气十分炎热，我们只简单交谈了几句便匆匆告别。前几年无意中从友人那里获悉，张家大哥已经因病辞世了。

　　在我们的少年时代和青年时期，张家大哥曾经给过我们许多帮助和关怀。虽然几十年过去了，他的音容笑貌和对人和蔼可亲的态度一直留在我的记忆中。

2023 年 5 月 4 日，德国

与翻译家非琴夫妇的交往

夏 阳

非琴先生（本名潘痴云，1927-1994）是著名的俄苏文学翻译家，从 1950 年代中期直至 1990 年代去世，在将近四十年的翻译生涯中，他向中国读者介绍了包括陀思妥耶夫斯基[1]的《罪与罚》、帕乌斯托夫斯基[2]的《一生的故事》、普里什文[3]的《普里什文随笔选》等大量俄苏文学作品。

1980 年代中期，经过非琴先生的夫人李青云老师介绍，认识了非琴先生。从李老师的介绍中了解到：他们二人 1950 年代中期在大学读书期间相识，那时非琴先生是受外教器重的优秀学生。在外语学院学习期间，他已经开始在文学刊物上发表俄苏文学的译作，二人在大学毕业以后结为夫妇。

李青云老师大学毕业后分配到同济大学担任俄语教师，"文革"以后又改教英语。在学校里，李老师对教学工作认真负责；回到家里，她全力支持丈夫的翻译工作。非琴先生大学毕业后一直是自由职业者，因此也没有固定的收入。"文革"以前的那些年，翻译所得的稿费是他的经济收入。"文革"开始后，在译文无处发表的十多年中，他们一家的生活只能靠李老师一人的工资维持，其艰难程度可以想象。

大约在 1980 年代中期，学校分给李老师一套两室住房，他们的生活和工作环境得到了一些改善。尽管住房与小学毗邻，白天学校传来的嘈杂声对附近居民的干扰较大，但他们仍然能够潜心从事翻译工作。为了节约时间，他们夫妇一日三餐几乎都在职工食堂打饭。偶尔会在炎热夏日的晚上，在户外散步时与他们夫妇相遇，我们经常会在这样的场合谈论外语的翻译。记得有一次，李老师谈到，某大学的一位著名学者剽窃了非琴先生的译文。当他们夫妇拿到确凿证据找上门去讨要说法时，对方除了轻描淡写地说了声"对不起，这是个误会"以外，没有其他的任何表示，这让他们夫妇感到十分不满和气愤。

去国之前曾经得到非琴夫妇赠送的译著《苏联现代散文欣赏》，其中收集了普里什文、帕乌斯托夫斯基和索洛乌欣[4]的一些短文。许多年过后，在荷兰工作期间，有一次周末逛莱顿旧书市场时，无意中竟发现了一本德语的帕乌斯托夫斯基文集《一生的故事》。当时因一念之差，失去了购买这本文集的机会，以后不久便离开了荷兰，再也没有机会逛那里的旧书市场，买回那本书。

在离家多年之后再次回到家中时，从友人那里了解到，非琴先生已在许多年前去世，而李青云老师也因年迈迁回云南老家定居了。在她离开上海之前，曾经在给家慈的电话中用很微弱的声音询问："令郎现在还读俄苏文学吗？我这里有一批书想送给他。"很遗憾已经没有可能再次见到李青云老师，也无法知道她在老家是否一切安好。遗憾与担忧之余，只能在书架上为他们赠送的译著保留一个永久的位置。

2023 年 10 月，德国

注释

[1] 亚历山大·赫尔岑（Aleksandr Ivanovich Gertsen，1812-1870），俄罗斯思想家，革命活动家。

[2] 康斯坦丁·帕乌斯托夫斯基（Konstantin Georgiyevich Paustovsky，1892-1968），俄罗斯作家，1965 年曾获诺贝尔文学奖提名。

[3] 米哈伊尔·普里什文（Mikhail Prishvin，1873-1954），俄罗斯作家。

[4] 弗拉基米尔·索洛乌欣（Vladimir Alexeyevich Soloukhin, 1924-1997），俄罗斯作家。

我的德语教师

夏 阳

阿讷·霍普特曼（Arne Hauptmann，1932—1992），物理学博士，德国文学家、1912年诺贝尔文学奖得主格哈特·霍普特曼（Gerhart Hauptmann，1862－1946）的孙子，也是我到德国后的德语教师。

与霍普特曼先生相识是在上个世纪八十年代后期，当时我和几位中国同事一起在一个单位实习。有一天，一位身材魁梧的德国人来给大家上实习课，课前他先来和大家打招呼，并且和大家随意交谈。当同事们介绍中国的情况时，他便开始发表有关中国的见解。他时而使用德语，时而又改用英语，话题涉及中国的政治和经济以及重大历史事件，接着又从"四人帮"转到邓小平，然后又聊起了改革开放政策。他说起话来滔滔不绝，完全不顾及听众的反应，也根本不给其他人发表意见的机会。在聊完政治经济话题之后，他又转向名胜古迹，从万里长城到十三陵，从故宫到兵马俑，然后谈及烹饪艺术，从北京烤鸭到蛋花汤……他的谈话内容之广泛令人惊叹。当时我刚到德国不久，还不能完全听懂他的谈话内容，估计在场的人中没有哪个人能完全听懂他的话，更没有人能和他对得上话。大家能感觉出的是，他对中国客人的态度非常友好。不久之后，从其他德国人那里了解到，这位口若悬河的先生竟是德国文豪格哈特·霍普特曼的孙子。

在一个陌生的地方生活和学习，最大的困扰莫过于不懂当地的语言。虽然在国内受过一年的德语强化训练，但来到德国后才发现，自己只能应付一些非常简单的对话。为了能和德国人交谈，往往需要事先背一大段自己想说的话，以便对方能理解我的意思，而当德国人开口时，我基本上只能听懂大致的内容。为提高德语的听说能力，我向实习单位提出了上德语课的请求。幸运的是，实习单位为所有想学德语的实习生办理了语言学校的德语课程，这样大家都有机会提高自己的德语水平。

这所学校专门为外国人提供德语课程，班里的大部分同学来自东欧、南欧以及土耳其。他们中大多数人已经在德国生活了一段时间，几乎都能流利地说一些不符合语法规则的洋泾浜德语。教材内容主要是一些日常生活用语以及从报刊中选取的简单课文。上课时，老师首先讲解语法，解释生词的意思，然后由学生朗读课文，并讨论课文的内容。霍普特曼先生了解到上课的情况后，嘲笑这所学校的语言教师只有"清洁工大妈（Putzfrau）"的文化水准，认为她们没有资格给我们这些外国人上德语课，并且表示愿意指导我学习"正规的德语"。

霍普特曼先生的工作习惯和一般人不同：他每天早上九点钟来上班，工作到十二点，然后去餐厅午餐，下午一点继续工作，直到晚上六点下班回家。为不影响各自的工作，我们每天在午休时间一起去餐厅就餐，利用吃饭时间交流思想。

他的兴趣相当广泛，大部分话题集中在国际时事以及环境保护方面，他常强调人类生存需要和平的政治环境以及洁净的生态环境。有一次，我谈起了在上班路上看到一座公路高架桥上的一幅大幅标语："Lasst Euch nicht von der Kernenergie verKOHLen und BeeRDigen."根据他的解释，标语中的"KOHL"是指当时的联邦德国总理科尔（Helmut Kohl，1930－2017），而"verkohlen"指的是"变成焦炭"，最后一个单词中三个大写字母组成的"BRD"是联邦德国的缩写，"beerdigen"是"埋葬"的意思。这句标语的意思是："不要成为科尔政府和联邦德国核能政策的牺牲品。"显而易见，这条标语出自激进的环境保护人士之手。

霍普特曼先生是核物理学方面博士，同时又是核电站的反对者。

在午餐时，他多次表达了对于核电站运营中的安全和核废料处理方面的担忧，认为美国三里岛核电站事故以及苏联切尔诺贝利核电站事故并没有引起德国政府的足够重视。他支持绿色和平（Greenpeace）组织对造成环境污染的企业和机构发起抗议活动，但似乎对当时已经活跃在西德政治舞台上的绿党（Die Grünen）没有什么好感。

实习结束后，在向霍普特曼先生告别时，他送了我一本他祖父的文集和一本他祖父的传记，还赠送了100马克。当时出于礼貌，我未加深思就接受了赠书和钱。事后一想觉得不妥，于是便在第二天归还了100马克。霍普特曼先生是个自尊心极强的人，还钱的举动让他颇感意外，他有些生气地说了一句："钱是肮脏的。"为了缓解他的不满，只能向他解释：我的母亲不允许我收受别人的钱财。他对这件事一直耿耿于怀，几个月后在一封来信中，除了推荐一本新书外，还特别提到："由于您拒绝了我的100马克，现在必需自己掏钱买书了。"为了消除误会，在回信中再次表示了歉意。

离开实习单位以后，我前往另一个城市继续一段时间的实习。由于暂时找不到合适的住房，被接待单位安排住在国际学生俱乐部顶楼的一间空房中。在房间的一个角落里，我找到了一本被人丢弃的德语教科书，其中收录了一些德国著名文学家的作品，这本教材成了自学德语的课本。花费了很多时间，模仿教材中的文学语言，给霍普特曼先生写了一封信，介绍了离开实习单位后的情况。在回信中，他写道："……我已将您的信拷贝给我的母亲——她是一位经验丰富的、睿智的、有学养的83岁老人。读完您的信后，她在电话中称赞您与众不同的德语表达方式，说这是您的那位德语专业毕业的同事比不了的……您是这些中国人中唯一的一人，对其他同事既不做肯定也不作否定的评论，完全置身于中国同事之外。"在这封信的最后，他指出了我信中的语言错误，并且说明了正确的德语表达方式。他曾经表示过愿意指导我学习地道的德语，他果然没有食言。

也许由于地缘政治的原因，在冷战时期，西方的政治家和民众一直都关注苏联国内的形势发展。当戈尔巴乔夫提出"新思维",并在政治、经济、军事、外交领域推行一系列改革时,人们观察到东西方两大阵营对立的态势有所缓解的迹象。在霍普特曼先生的来信中,他提到已详细地阅读了戈尔巴乔夫的著作〈Perestroika〉(《改建》),而且还做了一些读书笔记。然而,西方人主要依赖主流媒体获取信息,因此他们很难全面了解苏联的政治生态以及民众对戈尔巴乔夫"新思维"的看法。在与来自苏联的交流学者和留学生的接触中,发现几乎所有人都对国家的前途悲观失望,同时也对"新思维"持怀疑甚至反对态度,有人还将"Perestroika"戏称为"Katastroika"。这个词来自于"Katastrophe(灾难)"中的"Kata-"和"Perestroika(改建)"中的"-stroika",意思大概是"灾难性的改建",它表达了苏联年轻一代知识分子对于改革的困惑和迷茫。那时没有人能预料,仅在几年后,苏维埃联盟便毫无预兆地迅速解体了。

有一年的假期,我在一家公司实习期间,在给霍普特曼先生的信中提到了乘车上下班时的观察,比如,一些年迈的乘客步履艰难地上、下车,虽然他们行动不便,但却不得不自行外出购物;一些年轻人在车上大声喧哗,毫不顾及周围乘客的感受。霍普特曼先生在回信中写道:"您的观察完全正确:老年人越来越孤立无助,被这个社会遗弃。两年以来,我的85高龄的母亲在家照顾她已87岁的、神志严重丧失的姐姐,而护理人员——虽然报酬不菲——要不就是来自酒鬼家庭的、没有受过职业教育的,要不就是政治避难者;此外谁还愿意干这样的活呢?干脆就让医药机器来干!好一点的养老院每月的费用都在3千至4千马克以上,这只有经济状况优裕人才负担得起。一个物质高度发达的社会是缺乏人道的。"

对于年轻人的狂放与轻浮,他写道:"总会有那么一些年轻人,他们在公共场所——也许刚喝了酒或者吸了毒,以此来壮胆——有意制造惊人之举,用以遮掩自己内心的自卑。他们回到家后往往绝望地摔倒在床上,痛苦不堪地、伤心至极地哭泣;也许因为他们的父亲是酒鬼，也许因为在家里挨家长的揍，或者因为家长不关心他们。他们在公共场所的赤裸裸示众——尤其是现在的两德统一之后——恰恰反映出内心自卑。但我们也应当看到，这种人毕竟是这个社会中的极少数人。"

因为学习和生活负担的重压，我只能在假期抽出时间给霍普特曼先生写信，除了介绍一些学习情况，也会探讨时事和政治等方面的热议话题。他曾经建议我在专业学习之余参加高级德语班，但遗憾的是，由于各种原因，我再也没有机会进修德语。我们之间的通信一直持续了数年，直到有一天收到了霍普特曼先生的母亲寄来的讣闻。在给他母亲的唁函中，我除了表示对他逝世的深切哀悼外，还回忆了多年来他对我的帮助。我在信中附上了100马克，请老人家找人在老师的墓前栽种一些树木。几个月后，老人家寄来她儿子的两件遗物：一架照相机和一个皮公文包。我收下了这些遗物，并将它们珍藏至今。

在接下来的十多年里，我总会在几个重要的节日给霍普特曼先生的母亲写信，也总会收到她的亲笔回信。在最后一封信中，她写道："我活了差不多100岁，已经感到生命即将结束。现在，我每天仍然努力去做一些力所能及的事……我的内心十分平静。"

我很幸运能够遇到这位学识渊博的德语老师，而且在我们长达四年的通信中，得到了他多方面的指导。在坎坷崎岖的求学道路上蹒跚前行多年之后，终于可以面对德语教师的遗像，轻轻地说一声：我没有辜负您当年的帮助和期望。

2015年9月，德国

我的博士导师

夏 阳

在德国大学学习机械设计专业期间,学校要求学生在规定的时间里完成一个设计作业。由于那时对流体机械有较大的兴趣,所以就去流体力学实验室找设计题目。在和流体力学的教授讨论后,他介绍了一个从工业界争取来的项目:确定一个工业通风机中的流体脱流现象。当时实验室得到了项目委托方的一笔资助,添置了一台快速傅立叶分析仪,我要完成的工作是:用分析仪测量风机在工作状态中不同部位的振动信号,通过信号分析来识别风机内的流体运动特征。

项目委托方希望在弄清风机内部流体运动特征后,对风机的造型做优化处理。由于实验室的教辅人员没有操作新设备的经验,我只能一边阅读测量技术的专业书籍,补习有关信号处理方面的知识,一边阅读仪器的使用说明书,摸索分析仪的一些简单操作。过了不久便发现,这个题目的难度远超过了事先的想象,但这个设计作业已在考试部门登记在案,没有特殊理由无法更改,所以只能坚持做下去。

在做设计作业期间,我从早到晚都在实验室里工作。白天在实验员的协助下收集数据,晚上在别人下班后,还在实验室的计算机房里处理当天的数据。就在那段时间,一位教授偶而会在晚上八点以后来计算机房,每次来都会用一台工作站发电子邮件。虽然在实验室多次见过他,但我们始终没有机会交谈。

不久后,从高年级同学那里了解到,这位教授是新来学校任教的H教授,他以前在欧洲宇航局研究中心工作,曾经担任空气动力学和热力学部门的主任。他给机械系的学生开两门课：一门是必修课"C 语言编程"，据说在上一次期末考试中，有大约 98%的学生不及格，创下了全校考试不及格率的记录；另一门是选修课"计算流体力学"，据说刚开始还有将近十人听课，最后只剩两人坚持到底。这些情况引起了我的极大好奇，因为在此之前还没有听说有如此严格的教授。当时心想：在这样的严师指导之下，才有可能学到真本事，所以很希望有机会结识这位教授。

那年圣诞节前夕，流体力学实验室主任组织了茶话会，被邀请的有与实验室有合作关系的教授们以及当时在那里做实习的和写毕业论文的学生。茶话会间，实验室主任把我介绍给 H 教授。我向他介绍了大致学习情况：主要兴趣是机械的优化设计，曾用计算机辅助设计工具设计过流体机械装置；前不久在做一个自动控制装置的实验中，曾用了一些数值方法（如龙格-库塔方法）做了微分方程的近似计算。H 教授听后大为吃惊，因为这些数值方法已超出了机械系学生的课程范围。我坦诚地说明：当时只为获得一个好分数，才花时间自学了这些方法。在详细询问了这些数值方法的离散式和计算程序的编程后，他鼓励我去他那里做有关计算流体力学的毕业论文，而且还答应在我毕业后提供继续学习的机会。

我很犹豫是否还要继续学习。几年来，我一直为筹划生活费而烦恼，每年寒暑假的大部分时间都在为挣生活费而四处奔波。每次假期过后，其他同学都以饱满的精神来校学习，而我却处在极度的身心疲惫状态中。按照原来的计划，圣诞节过后我就去一家公司写毕业论文。以前我在那里打工时，正好有一个来自上海一家企业的团队在车间学习流水线操作，我受车间负责人的委托，给上海来的技术人员当过翻译。那时，工段里的机修工和技术员分别向我透露过，公司人事部门了解我的学习和工作情况，愿意在我毕业后提供工作岗位。如果一切顺利的话，不用多久就可以去那里就职，从此摆脱几年来的生活困境。如果去 H 教授那里做论文，不但先要学习计算流体力学和一些相关的基础知识，还要补充不少与论文相关的专业知识。论文什么时候能完成，完成论文后是否有就业前景，这些都是未确定的风险。

犹豫之中，我给 H 教授发了一份电传，首先对他的关怀表示了诚挚的谢意，接下来的内容是这样的："数月之前，一家公司给我提供了实习岗位和一个技术课题，实习期间，公司提供必要的生活费用。"本以为这一份电传已经婉言谢绝了 H 教授的建议，没想到当天晚上收到了下面的回复："如果您愿意在我这里写毕业论文，我会想办法给您提供生活费。"我无法拒绝 H 教授的好意，终于决定接受新的挑战，去 H 教授那里继续学习。

H 教授要求我在一个学期内完成三门必修的专业课，并且指定了论文的题目，还要求我精读美国专业期刊《火箭推进器杂志》以及美国航空和宇航学会年会上发表的几篇文章。我一边系统地学习基础课，一边阅读专业文献，同时思考如何完成有关的计算。他给我安排了一份学生助教工作，这样每月就有了固定的生活费。助教工作大约占总工作量的二分之一，主要任务是：每个星期用德语为教授的一门基础课写 15 至 20 页的课件，每星期给学生上一次习题课，并且给学生批改课外作业。

那时我每天工作十二小时以上，周末也不例外。数月之后，我终于完成了题为《流体动力学问题的二维解自适应网格生成》的毕业论文，并以优异成绩通过了论文答辩。毕业以后，一方面继续担任教学助教，同时做计算流体力学方面的研究工作。在那段时间里，H 教授不断从欧洲宇航局申请来各种项目，我们这些学生也在参与项目中迅速地提高了自身的知识水平。

以前在流体力学实验室工作时，几个高年级同学曾经说 H 教授是个"workaholic（工作狂）"。他们属于没有通过考试的 98% 的那部分学生，所以才会使用这种尖刻的语言形容 H 教授。事实上，H 教授是个对工作充满热情的人。他每天上午九点左右来上班，工作到晚上大约八点才下班。除了上课，他的大部分时间都用在写项目申请报告和项目总结报告，以及给国际会议或者专业期刊写研究论文。晚上六点以后，我们可以去他的办公室，和他讨论一天下来的工作进度以及遇上的问题。早年大学物理专业的严格训练以及读博士期间的多年助教生涯，使他练就了极扎实的数学和物理基本功，也写得一手好英语。每次在听完我们的汇报后，他都会立即拿起笔和纸，不假思索地写下研究论文的题目和提纲。在他那里工作多年，从未见他写英语时需要查字典，也从未发现他有过任何单词的拼写错误。

原来想在毕业后，一边从事一些教学工作，这样可以有一份收入，一边修完博士候选人资格的必修课程，然后尽快开始写毕业论文，然而大量项目工作却使人难以喘息。现实让我明白，要想完成博士学位，前面的路仍然是漫长的。我默默地承受工作和学习的压力，认定自己要走的路，以德国伟大的音乐家贝多芬的名言"我将扼住命运的咽喉，决不让它窒息我"鼓励自己坚持下去。

H 教授和他的英国同事商定，安排我去伦敦格林威治大学计算机与数学学院继续学习。该学院的校区以前是著名的英国皇家海军学院，也是中国近代思想启蒙家严复（1853—1921）的母校。校园内绿树成荫，环境优美，从那里可以看见不远的山丘上矗立着的著名格林威治天文台。学校主楼周围环绕着大片精心修剪过的草坪，天气晴朗的时候，常可以看见许多年轻人悠闲自得地躺在草地上。主楼底层的走道上放着一架三角钢琴，走过那里时，偶尔可以听见优雅的琴声。这所大学在计算流体力学方面实力雄厚，有从事火灾事故模拟、多重物理现象模拟的研究所，承担来自政府和工业界的研究课题。

大学常务副校长 C 教授以及印度裔的 P 教授担任我的导师。C 教授因为主持学校的日常工作，很少过问学生们的学习情况，因此 P 教授承担了所有指导工作。与德国高校不同的是，英国教授和研究生之间用名称呼，给人以一种亲近感。P 教授每天一早就来上班，他先会和另几位工作人员简单交流几句，然后就把自己反锁在办公室里。了解这个习惯的学生不会在早上打搅他。午休的时候，他会和硕士生和博士生一起去咖啡厅就餐，有时大家也一起去附近的快餐店吃三明治，或者去泰晤士河边的餐厅吃当地著名的炸鱼和炸薯条。下午如果没有课，他有可能会在接近下班时间，来大家的办公室，了解每个人的工作情况。如果一个学生连续几天工作上没有进展，那就要找一下自身的原因了。

与这位教授熟悉以后，经常在周末应邀去他家做客。P教授和他的太太都是来自非洲的印度人。一百多年前，教授的先人移民乌干达。通过几代人的努力，到了父亲这一辈，已经过上了富裕的生活。教授非常怀念在乌干达度过的童年时代：每天早上起床以后，去园子里的果树摘一个果子，吃完后去学校上学。那里气候宜人，一年到头只穿T恤衫。上个世纪七十年代初期，乌干达军事政变后，无数印度移民的后代被剥夺了所有财产，被迫离开家园。P教授的全家来到英国，在伦敦安置了新家。

教授的父母经营一家小店铺，用所得收入资助子女们上大学。教授本人在读完大学以后又先后完成了硕士和博士学位，开始在大学任教。在教授家，我见到了教授的父母，那是两位十分安详的老人，他们早已到了退休的年龄，在家帮着子女照看他们的孩子。他们身上体现出的是智慧与勤劳、坚信与忍耐、善良与热忱的优良品质。以后，在工作中遇到困难的时候，他们一家的事迹总会激励我努力工作。

经过多年不懈的努力，我最终完成了学业。毕业以后，我去荷兰一家国际咨询公司工作，专为欧洲宇航局从事宇航方面的研究工作。几年后，为了了却一位逝者的愿望，我回到了德国，开始在大学里从事教学工作。

回首留学期间走过的路，深为遇到二位改变人生的导师而感到十分幸运。虽然岁月流逝，往事依然历历在目，写下几个回忆片段，以此表达对导师们的敬意和感谢。

2015年7月，德国

奇特的数学教授

夏 阳

在大学期间,曾经遇到过一位比较奇特的数学教授,虽然几十年过去了,当年教授上课的情景依然记忆犹新。

记得新学期开学的第一天,教室里座无虚席,大家都在充满好奇地等待第一堂课。上课时间已经过了很久,正当学生们变得有些不耐烦的时候,门外走进来了一位年纪约莫六十多岁、身着白大褂的老先生,教室里顿时安静下来,前排就座的同学开始敲打课桌,表示对来者的欢迎。老先生全然不顾学生们的存在,从容地从皮包里取出备课本,把它展放在讲台上,然后摘下金丝边眼镜,一边慢悠悠地用手帕擦拭着镜片,一边环视在场的学生——这位长者就是数学教授。

教授先生戴上眼镜后,从容不迫地开始做自我介绍。他的开场白令所有人感到吃惊:"在我这个年纪,本当退休在家。两个女儿在上大学,还必须交房租,所以仍然来工作……"这段介绍引来一阵哄笑,学生再次敲击课桌喝(倒?)彩。这个自我介绍实在太搞笑了:德国大学教授历来是受人尊重的职业,哪有选择这个职业纯粹为了"扒分"(上海方言,指"挣钱")的?他全然不顾学生们的反应,滔滔不绝地讲了一大堆与数学毫无关联的话。当教室里的噪声强度渐渐提高的时候,他摆摆手示意大家安静下来,然后开始把讲稿上的内容一笔一划地抄写在黑板上,期间偶尔也做一些没人能听懂的解释。很快就到了下课时间,第一堂课就这样稀里糊涂地过去了。

上了几堂课后,大家了解到这位教授讲课的风格。首先是做事认真。每一次上课，他都会将预先准备的材料默默地写在黑板上，无论数字和公式还是文字说明都写得很工整，示意图也制作得一笔不苟。他喜欢用不同颜色的粉笔制图，习惯在绘图之前先将彩色粉笔蘸一点水，用湿粉笔、圆规和三角尺画出示意图，湿粉笔的水分蒸发后，图案的色彩显得特别鲜明。其次是课堂上很少做讲解。除了认真写板书，课堂上没有太多讲解也是一大特点。往往一堂课下来，绝大部分学生不知道他在上些什么。有学生私下里发牢骚，说这个教授是个不懂数学的"抄写手"。再有就是教授喜欢在课堂上耍威风。据高年级同学介绍，很久以前，有一个班的一个学生在上课之前把整整一盒彩色粉笔倒入水盆，教授上课时发现这个情况后勃然大怒，声称如果没有人出来认错，他将惩罚全班所有人，让大家期末考试都不及格。听了这番介绍，同学们面面相觑，此后谁也不敢在课堂上提与数学有关的问题，生怕教授回答不出问题恼羞成怒，会在期末考试的时候用怪题来刁难大家。

他的课让几乎所有听众感到异常沉闷。个别调皮捣蛋的同学会想出招数，用一些敏感话题刺激他，让他对时政发表高见，从而打破课堂沉闷的气氛，比如，请他对苏联和东欧难民涌入德国发表看法。对此，这个二战时期的德国士兵严肃地说："你们要当心，俄国人又要来了"，这话的意思是"苏联红军又要来占领德国了"。他时常提醒大家要有危机感，但学生们背地里把他的话当作笑料，根本不相信会有什么危机存在。

他的担忧不仅于此。有一次不知道为了什么原因，他竟然在课堂上痛骂德国男人去泰国度假。那年头，德国人去国外度假极为普遍，他为什么如此憎恶泰国呢？后来经同学解释，明白了他所指的"去泰国度假"是指去泰国买春。

二战结束以后，联邦德国在大约十多年时间内完成了经济复苏，并且创造了经济奇迹。这里有国际大环境的原因，但最主要是德国广大民众努力劳动的结果。五十年代末期，德国流行着一首讽刺歌曲：

> 现在经济奇迹来了，商店里已经有了排骨和烟熏鲽鱼。
> 现在经济奇迹来了，德国人的肚子也恢复了，而且已经圆了很多。
> 现在肉冻猪肘又有了味道……
> 开车时不再需要节省燃料……

这首诗通过轻松诙谐的语言，表现了战后经济复苏带来的繁荣和安逸，同时也讽刺了人们对物质享受的追求和生活方式的改变。饭吃得太饱，肚子变圆了，难免"饱暖思淫欲"。经济奇迹使一些德国人沾沾自喜，他们开始变得好逸恶劳，"去泰国度假"只是其中的一种表象。

数学教授很早就察觉到福利社会是一把"双刃剑"：它可以保障人的基本生存，但也会被少数人钻空子。他对学生的劝诫反映了对未来的担忧，然而这类的规劝非但起不了任何作用，反而招致同学们的嗤笑。每当他开始教导学生时，总会有个别坐在后排的人小声嘟囔："Dieser Grufti, schon wieder！" Grufti 是一个不雅的口语，类似于上海话中的"老头棚"（棚，音 bang 第一声），学生们这句话的意思是："这个老头棚又来（这一套了）"。年轻人对长者的道德说教嗤之以鼻，甚至如此反感，反映出了两代人之间非常明显的"代沟"。

也许出于害怕，一些学生会在上课期间想着法子讨好他、哄他开心，比如让他讲点"有趣的事"。这时，他便会滔滔不绝地发表明显带有歧视女性和外国人的言论，也会不失时机地吹捧德国学生是"精英"和"未来希望"。有一次，他在黑板上用希腊字母写了个数学符号，有学生让他解释希腊字母和德语聚特林字体（Sütterlinschrift，一种尖角的手写体）的区别，他没有理会学生的要求，直接在黑板上用聚特林体写了一个硕大的"Scheiße（大粪）"，引来学生们的一片笑声。当时为了拿到数学的学分，不得不在这种不严肃的课堂气氛中让时间白白流逝。

连续听了他的几次课之后，感到很难在课堂上学到什么知识，于是干脆就去图书馆看书。那时整个专业只有为数不多的几个外国人，缺课很容易被发现。不久这位先生就在课堂上发问："那个外国文盲为什么不来上课？"这样的提问方式反映了傲慢和对外国学生的文化歧视。好心的德国同学传过话来，言下之意，不去上课必须承担某种后果。

很长一段时间，一直在琢磨那一代德国人对待外国人的态度。他们中很多人来自普通劳动人民家庭，小学和中学期间受到的是纳粹法西斯主义教育，在本该学习或工作的年龄被送往前线充当侵略战争的炮灰。这位教授是战争的幸存者，二战以后进入大学，学习工程技术，完成博士学位，最后成为大学教授。他虽然在战后受了高等教育，但是没有认真反思德国二战失败的教训，脑子里的"德国高于一切"潜意识依然在作祟。

据高年级同学介绍，多年以前，他的妻子抛下小孩离家出走，从那以后他的脾气变得非常暴躁。也许因为家庭生活方面的不幸，他常因为一点小事把自己的不满随意宣泄。有一次不知什么原因，也许是前一天看了电视中一条有关中国的负面新闻，他在课堂上毫无缘由地拿中国说事，当着女同学面说："中国没有电视机，也没有其他娱乐场所，到了晚上人们只有床上的男女享乐，所以才会有那么多人口。"如此猥亵的语言竟然引来周围同学的哄笑。因为无法和这样的人论理，只能不动声色地忍耐。下课后，拿起粉笔在黑板上愤怒地写下了尼采的诗句：

Ja! Ich weiß, woher ich stamme!
Ungesättigt gleich der Flamme
Glühe und verzehr ich mich.
Licht wird alles, was ich fasse,
Kohle alles, was ich lasse:
Flamme bin ich sicherlich!

这几句诗的译文是：

是的！我知道，我从哪里来！
像未饱和的火焰一样

燃烧并消耗自我。
照亮我抓住的一切，
烧焦我放下的一切：
我就是火焰！

为了争一口气，那年期末考试得了班里唯一的满分。事后他在下一年级的课上对德国同学敲了警钟："你们要注意，一个外国人数学考试居然得了满分。"在他看来，德国学生应当比其它国家的学生优秀，因此不能容忍外国学生领先的事实。

进入新世纪以来，德国在加入"博洛尼亚进程（Bologna Process）"后完成了与欧洲多国之间高校教育系统的互相衔接。近二十多年来，德国高等教育国际化促进了学生和学者的跨国流动。现在，无论在哪一所德国高校，校园所到之处都可以遇见大量外国留学生；无论在哪一所高校学习，外国留学生再也不用担心因为来自贫困国家而受到文化歧视。

2015 年 9 月，德国

随想与杂感

西裔情缘

麦琪儿

十几年前的一天，儿子带着他的女友来到了家里——啊，她是个漂亮的西裔女孩子！我们有点惊讶，但还是为儿子感到高兴。经儿子介绍，女孩娜塔莉娅是他法学院的同学，两人在打网球时认识。娜塔莉娅的父母年幼时随着家人从南美移民来到北美。作为华裔父母，我们当然希望儿子能找个华裔或亚裔的伴侣。但我们很开明，既然来到了北美，就不该计较女方的出身背景，只要儿子喜欢，我们就应该支持。

虽然在工作单位有不少来自南美的西裔同事，而且平时与他们也都友好相处，但对他们的文化还是了解不多，只是从表面上看，他们喜欢音乐，待人很热情。想到以后的亲家是西裔，对文化和两个家庭的融合感到有些不习惯。

没多久，儿子打电话告诉我们，他和女友订婚了，并邀请了双方家长在年轻人住处不远的一家高档古巴餐厅共进午餐。第一次与未来的亲家见面，我们感到很高兴。大家做了简单的互相介绍，娜塔莉娅的妈妈叫玛丽，是一家银行的财务经理，她的爸爸叫伽罗，在医院做技术员。大家都很喜欢古巴菜，典型的黑豆米饭很受欢迎。那天的午餐聚会大家都十分愉快。这样，孩子们的婚事就很快进入了筹备之中。

几个西裔同事告诉我，在西方，婚事一般都由女方家里负责，叫我不用多操心。她们说："你不用忙，按照女方家的规矩来就行了。"联想到国内好几个朋友为儿女的婚事操心和操劳，而我们在北美，孩子们的婚事都由他们自己做主操办，这让我们着实松了口气。玛丽帮女儿精心筹备婚礼，替女儿买了精美的婚纱，还来问我是否有什么中国习俗要加到婚礼中去。我想了想，觉得应该完全按照他们的风俗习惯来举办婚礼，可以让新娘在宴会中间穿上中国旗袍亮一次相，在亲友们面前表示一下即可。我的同事们还建议我先问女方家长穿什么颜色的礼服，然后再选自己礼服的颜色，一是避免颜色重复，二是表示对女方家长的尊重。

婚礼那天非常热闹，先是在教堂举行了婚礼仪式，由牧师主持，然后在酒店举行婚宴。婚宴中，新娘在给大家敬酒时，换上了红色的中国旗袍，她的出现，顿时备受瞩目，获得了来宾们的一致好评。伽罗在给女儿的婚礼致辞中还加了几句中文，给宴会增加了欢快的气氛。新娘家里的亲戚朋友个个都能歌善舞，最后一场舞让大家惊叹不已，玛丽和伽罗与他们的舞伴表演了一段探戈，真是太棒了！

从那以后，每次和玛丽、伽罗交往，我们都感到十分轻松愉快。闲聊中了解到，他们对南美和西班牙文化非常熟悉，特别是伽罗，似乎对南美各国的历史都很了解，因此每次见面不仅聊家常，还能学到不少历史知识。玛丽还是个烹饪高手，每次我们被邀请去他们家做客，都会被玛丽的各种拿手佳肴所吸引，比如南美的名菜塞维奇，就是用红洋葱，鲜虾仁和米醋拌的一种色拉，非常可口。还有玛丽做的洋葱豆饭，每次总是吃了还要带回家。他们爱吃爆玉米，对我们来讲也是挺新鲜的。玛丽和伽罗还特别重视我们的新年，每次过年，他们都会去儿子家庆贺。

转眼好多年过去了，孙女、孙子相继出生。儿子和媳妇工作都很忙，有时难免需要父母帮忙。玛丽和伽罗对孩子们的照顾非常周到，多年来，无论是接送孩子们去托儿所，还是送孩子们参加他们学校的活动，或是带孩子去图书馆借书，参加各种活动节目，他们总是很热心地提供帮助，让我这个奶奶感到特别轻松。他们为儿子一家人付出了很多，每次我想感谢他们时，他们总是说："我们真的很享受和孩子们在一起的时光，希望能尽可能多和他们在一起。"多么朴实和真诚的亲家！

最近读了一些统计数字，在北美，五十年代时不同种族的婚姻结合仅占百分之三，到了八十年代，上升至百分之七，到了 2015 年，混合种族的婚姻比例达到了百分之十七，现在的比例更高。婚姻需要双方的努力和耕耘，而不同种族的婚姻则需要更多的努力。虽然孩子们在北美长大，在文化上基本上是一致的。但作为双方的家长，我们之间的融洽相处也要归功于玛丽和伽罗的努力。他们善良、友爱，从未对我们有过任何要求。我们为孩子们拥有一个美好的家庭感到高兴，更为能够结识玛丽和伽罗而感到幸运，这样的西裔情缘还真的是难能可贵！

2024 年 3 月，美国

织毛衣

麦琪儿

前不久,儿媳妇把几年前我给孙女织的小毛衣送还给我。啊,这件毛衣还在啊!媳妇说,她一直珍藏着这件毛衣,本想着如果第二个孩子是女孩,可以给她穿,结果第二个是男孩,这样这件小衣服就多余了。她问我,朋友中的孙辈是否用得上这件毛衣,如果把它送给朋友家的小孩穿,也算是物尽其用了。

给孙女织的毛衣和围巾

记得在孙女一岁的时候,我忽然心血来潮,想为她织一件毛衣。那时虽然已经好多年没织过毛衣了,但我还是决定试一试。于是我去购买了毛线，找出了家里的毛线针，然后认真地开始了织制。考虑到孙女年幼，我选择了一款前面开合的设计，方便穿脱。我还利用以前衬衣上的扣子，为毛衣增添了些许特色。剩下的毛线我又用来织了一条小围巾。没过多久，毛衣就织好了，我心满意足地将它送给了孙女。她的妈妈非常开心，立刻为她穿上，并拍下了照片。然而，孙女长得很快，没多久就穿不下这件毛衣了。我真是没想到，她妈妈一直把它珍藏了那么久。

在八十年代之前，织毛衣极为普遍，大多数女孩都会。我大概是在小学五、六年级的时候跟妈妈学会了织毛衣。外婆年轻时，普通家庭没有毛衣，所以她只会做衣服和鞋子。随着时间的推移，毛衣逐渐普及，但妈妈一个人难以应付全家人的需求。我和妹妹就开始学着帮助妈妈，根据毛线的粗细选择粗针或细针。一开始是竹针，后来又有了金属的针。一套针一般是四根，它们的粗细长短是一样的。后来又有了环形针，这种针头上是金属的，两头的中间接着的是塑料线。用这种环针可以圈织，在织的时候就不用换针，这样可以加快织毛衣的速度。金属针比竹针要坚固，但是在织的时候，好的竹针比金属针手感好。

记得一开始学织毛衣时，妈妈教我和妹妹如何量毛衣的基本尺寸、如何估算开始需要起多少针。由于毛线的粗细不同，织针的粗细也不同，每次开始时，难免要织了拆，拆了再织，重复多次后才能确定最后的针数。不过我和妹妹很快就学会了基本技巧。有了基本知识后，我们就开始自己琢磨，尝试自己的设计，同时还从同学和朋友那里学了不少款式和花样。最后我们比妈妈织得快，而且也织得更好。后来除了毛衣，我们还织过毛裤、帽子、手套和袜子。

为了方便做事，我们还织了半指手套，让手指的上半部分暴露在外面。这样的手套妈妈和外婆觉得非常有用，我们用织毛衣剩余的毛线织了好几副这样的手套。那时候尼龙袜并不普及，有时候我们还织线袜。随着尼龙袜的盛行，我们的袜子织制数量逐渐减少，但偶尔仍会织手套。后来我和妹妹几乎包揽了全家人的毛衣毛裤制作任务。最有意思的是，由于爸爸身材高大，为他织的毛衣毛裤比较重，而且有时妈妈对我们的织制比较挑剔，因此，我和妹妹总会想出各种理由，把给爸爸织毛衣、毛裤的任务推给妈妈。

江南入冬以后天气寒冷，家中没有暖气，厚毛衣在冬天很有用。后来，随着商店里现成毛衣的出现，自己织制的次数逐渐减少。但有时候，我仍觉得自己织的更暖和，因为选用的绒线质量更好。

初到北美时，我的美国邻居看到我穿着自己织的毛衣，感到非常惊讶并赞叹不已。她甚至请求我帮她织毛衣，我欣然答应了她的请求。她高兴地去买了非常好看的毛线和样板，我觉得照着样板织十分新鲜，而且她买的毛线在当时国内还很少见，于是我为她织制了几件毛衣和毛背心，后来还为她的宝宝织了一件毛衣。

前些年，每次回国探亲，总看见妈妈在给自己织毛衣。她说一方面是解闷，还有一方面就是自己织的毛线比较厚实，穿在身上比买来的毛衣暖和。有意思的是，她仍然用我们当年用过的毛线织毛衣！尽管现在很少为了穿着自己动手织毛衣了，但对我来说，织毛衣依然是一种温馨的回忆。

2024 年 4 月，美国

买文具时的联想

麦琪儿

每年开学前，小学老师都会给每个学生的家长开出一张单子，上面写着新学期需要用的文具，比如：铅笔、圆珠笔、橡皮、胶水、笔记本等。以前家长们都是在开学前几天或是开学的第一天才拿到这样的单子，现在互连网络发达，老师在开学几周前就把单子用邮件发给家长了。

今天带着孙女去买文具，我们去的一家商店里，文具的种类很多，也许因为学期即将开学，许多顾客都是来为孩子们买文具的，有些架子上的东西几乎都卖完了。看着这些家长也想起了自己做家长时的情形，那时每个学期都会带着孩子到文具店，给孩子买文具，外加包书纸，每次都会忙得不亦乐乎。

说起文具，我想起了小时候每次开学之前，妈妈帮我们整理书包的时候，总是把铅笔盒里的铅笔削得尖尖的，在铅笔盒子里放一块橡皮、一把小尺。后来长大一点了，爸爸给我一个圆规，还有一把半圆型的尺和钢笔。小时候物质匮乏，我们平时用的都是又薄又软的纸。时而看见爸爸那里有白纸，但爸爸不让我们用，说白纸是他抄写论文最终稿用的。

我特别喜欢文具，喜欢买笔记本、日记本、卡片、漂亮的信笺和好看的信封，还有各种笔。出国前，很喜欢去南京东路和福州路之间的山东路，那里有许多文具店和纸张店，每次去总会一家一家地看，浏览店内的橱窗似乎是一种享受，但最后也买不了多少。后来每次回国，都会去那里看看，买些漂亮的祝贺卡片。

现在去文具店，看见漂亮的信笺、记事本、笔记本仍然会有购买的欲望，但想想买了这些文具实在没有什么大用，所以干脆就不买了。

前几天与朋友闲聊时谈起，如今很少有人写邮寄的信件了，大家都觉得有点遗憾。随着科技电脑网络的飞速发展，好多人有时候连写个 email 都觉得太费时间，取而代之的是通个电话或写个短信。时代在进步，我们也应该与时俱进。

去年冬天在佛州避寒时，无意间打开信箱，映入眼帘的是八岁孙女寄来的问候卡，真是喜出望外！虽然传统的信件交流越来越少，但偶尔收到亲友的一封信或一张卡片还是会感到由衷的欣慰。

2023 年 8 月，美国

55+社区新居琐记

麦琪儿

随着年龄的增长,一些家务事变得力不从心了,比如清理车道上的雪、打理前后庭院、修理家中的设施等。因此,几年前我们就开始考虑换房。有一位比我年纪稍大的同行好友,她早几年就开始调查研究,看了不少房子,最终选择了一个新建的 55+ 社区,签下合同一年后,就搬入了刚竣工的新居。得知此消息后,我立即约了她去参观她家的新房。

一进小区,整个环境给人的感觉非常好。虽然这是一个正在建设中的社区,但先后已经迁入了近两百户人家。后来我打听到,这个社区是从 2016 年开始建造的。社区共有四种不同大小的独立屋房型,最小的住房使用面积约 2300 多平方英尺,最大的可达 2900 多平方英尺,根据地形和客户的需求,有些房屋甚至还带有地下室。所有房屋都是购买后再建,因此买家可以根据自己的喜好和需求选择自己喜欢的房型和内部升级设施。

参观了样板房后,我们非常喜欢,一周后就签了购买合同。建房的工期一般是一年左右,最后等了 17 个月新房才竣工。在这段时间里,我们花了很多精力整修了原来的住房并成功将它出售,随后顺利地迁入了新居。

这个新社区有十几户华人家庭,其中不少人还未到退休年龄。搬进来后,一开始不熟悉某些设备的使用,我的朋友和她的丈夫多次前来帮忙。更让人感动的是,我们在另一条街上遇到了一对华人夫妇,他们比我们早搬来几个月，为人非常热心。为了购买窗帘，我多次去她家，从她那里了解到了窗户尺寸和购买窗帘的网站，并分享了她的经验。虽然我们的房型不同，但窗户尺寸却一样，因此在购买时省了很多时间。不久后，我们计划去南方过冬，而这对夫妇在我们外出时还定期来检查我们的房子，以防意外情况发生。

几个月后，我同行朋友的妹妹也搬到了这个社区，就住在我们的后面一条街上。这使得我们的街道更加热闹，我同行的朋友、她的妹妹和我们都来自中国同一个城市。

我们的街道很短，总共有13户人家。刚搬来时，连我们一家只有六户。由于疫情的影响，左边的那栋房子建造得很慢。社区里有出生在不同国家的居民，大家一直在猜测接下来会搬来什么样的邻居。

在我们搬来的一年多时间里，左边那栋房子终于建好了。新的屋主搬来时，我们正好在南方避寒。那天，我突然接到另一位邻居的信息，告诉我她遇到了我们左边即将搬来的夫妇。她还告诉我，这对夫妇是从纽约搬来的，最初也来自中国。我们听了很高兴，想着将有一家华人邻居作伴。几天后，社区的微信群里出现了这位新搬来的男士，我看到他名字的拼音与我们早年认识的一位同乡的名字相同。我告诉了我的丈夫，他认为华人同名同姓很常见，而且是拼音，所以不能断定就是那位熟人。但我还是觉得有必要问一下，结果证实了这对夫妻确实是我们早年在北美认识的同乡，而且这位男士退休前还和我的丈夫在同一个单位工作过。三十多年前，我们曾一起带着各自的孩子去海滩玩耍，后来大家搬家后就失去了联系。没想到几十年后又成为了邻居，真是太巧了！这正说明了缘分的奇妙，世界真是太小了！

我们搬入社区已经快两年了，虽然社区还在继续建房，但大多数房屋都已售出，估计今年夏天大部分都会被售出。平时社区里会有各种文体活动，人们可以自愿参加。节日期间也会有不同的庆祝活动和娱乐节目。社区设有健身房、棋牌室、乒乓室、台球室，还有图书阅览室、室外游泳池和网球场。此外，物业管理负责修整管理草坪、清扫冬日积雪、收垃圾和回收环保废品。平时要出门旅游，若需要给室内植物浇水，或者取邮件等，邻里之间都会互相帮忙。

新居的美中不足是没有自家的花园。过去，我们在旧居的后花院里种满了四季生长的花卉，而现在，只能在后院的小阳台上栽种些春夏季节生长的盆花。我想生活中处处存在得与失，只要得到的是自己想要的，就该心满意足了。

2024 年 4 月，美国

新旧家具的联想

麦琪儿

每天清晨,当晨光透过窗户洒向房间时,花园里传来鸟儿欢快的歌声,初升的太阳预示着美好的一天即将开始。我凝视着照射在屋内的阳光,心中不免担心它是否会对窗边的餐桌造成损害。这张餐桌是两年前购买的,它由上等的木材经过精湛的工艺制成,深受我们全家人的喜爱。当我把自己的担忧告诉丈夫时,他笑着回答:"这点微弱的阳光,怎么可能损坏我们钟爱的餐桌呢?真的等到晒坏,不知道要等到猴年马月呢!"他的话引来了一阵欢笑。

小时候,家里摆放着几把榉木的靠背椅和一张小桌子,父母常说,那是奶奶传承给爸爸的。当时我们并不理解这些老家具的价值,直到长大后才明白,这种木材制成的家具非常坚固耐用。如今,那几把椅子虽然已经历了近百年的风雨,但依然保持着木质坚硬和色泽光鲜的质感。在那个物质匮乏的年代,家里为数不多的几件家具都十分朴素实用。

在国内成家时,由于那个时期购买家具有限额,比如买了大衣柜就不能再买五斗厨,我们为此还特地购买了一些木料,请木工做了几件家具。刚来北美留学的时候,考虑到经常更换住处,在搬家过程中家具容易受损,而且孩子还小,在家玩的时候难免会磕碰到家具,所以大部分家具都购买旧货,有的甚至是别人赠送的。

完成学业后,工作稳定了,于是开始添置一些家具。有一次在换房时,碰巧一家高档家具店倒闭。丈夫参加了拍卖,购得了一些高质量的家具，这些家具多年来仍然令人满意。后来在准备卖房时，我们让儿子和儿媳妇来挑选他们喜欢的家具。他们看了一圈后觉得，虽然这些家具的质量都很好，但式样和颜色已经有些过时了。最后，他们选中了当初在拍卖中购得的那套式样和颜色都比较传统的餐厅家俱。

搬到老年社区前，我们决定处理大部分家具。尽管花费了不少时间，但只卖出了几件家具，剩下的都在网上登广告免费赠送。直到快要交房的前一周，我们很多年前买的电视机柜和装饰橱仍然无人问津。就在打算自己处理的时候，有人来电话，说要来取。不一会，一对年轻人开着车子上门来搬家具，由于车子太小，放不下所有他们想要的家具，我们让他们第二天再来。第二天，他们果然开着大卡车来，高高兴兴地把家具搬走了。我们很高兴把家具送给有需要的人，让这些家具物尽其用。

在新社区，我们购置了一些新家具，它们的造型和色彩都与新房子十分谐调。不久前，我去一位朋友家做客，她向我展示了如何保护她的餐桌。那是一张使用了二十多年的餐桌，上面盖着一层厚台布，台布上面还铺放了一层透明的塑料台面。这让我想起一部电视喜剧中的情景：一对年轻夫妇发现他们的母亲在崭新沙发上罩上塑料套，感到很奇怪。原来母亲这么做是怕沙发被磨损，经过母子之间的一段有关接受新事物和享受生活的对话，这位母亲想通了，拿掉了塑料套子。我把这个故事告诉了朋友，大家都忍不住笑了起来。几天以后，朋友告诉我，说她想明白了，要像那位母亲那样，学会享受生活。现在，她已经拿掉了台布和塑料面，让餐桌展现出了精美的原貌。

当我们步入退休年龄，更应该关注如何提升自己的生活品质，而不必过多担忧如何保护家中的用品。对家具的审美观是随着时代而变化的，若干年之后，保养得再好的家具，也未必为后人所欣赏了。

2024 年 2 月，美国

心脏搭桥启示

麦琪儿

所谓心脏搭桥（coronary artery bypass surgery），即对冠心病患者采用的冠状动脉搭桥手术，又称冠状动脉搭桥移植。该手术是指从患者身体的其他部位取出一段血管，然后将其连接到狭窄或堵塞的冠状动脉两端，使血液绕过问题区域，为缺血心肌提供氧分，从而减轻心肌缺血症状。

心脏搭桥手术在现代医学中已相对常见。然而，得知某个熟人心脏出现问题，无论大小，仍令人感到惊讶和担忧。

近日，一位朋友通过微信告诉我，她丈夫因心脏问题紧急入院。虽然及时接受了手术，成功度过危机，但仍需在重症病房观察数日。她描述了丈夫的发病经过：早上感到胸闷气急，一直拖延去医院，直到下午自己觉得很难受了，才拨打紧急电话寻求救护。在救护车上，医护人员给予了氧气支持。到医院检查时，医生发现心脏一根血管已堵死，迅速进行手术，成功为另一根血管搭桥。医生警告说，如果再晚一点就医，很可能危及生命。朋友的丈夫个性急躁，虽然不沾烟酒，但平时忽视体检，高血压未定时服药，导致心脏病发作。

在我认识的人中，经历过心脏搭桥手术的大多是男性。这些病例中，很多人平时都患有高血压，对体检也不上心，而且饮食不慎，或者不听从医嘱。

一位同事的丈夫多年前由于不愿服用降高血脂的药物，导致血管堵塞，心脏病突发，接受了两根血管搭桥。通过锻炼、饮食控制和定期检查，他的身体状态多年来保持良好。

　　另一位朋友尽管服用降血压药，却忽视了血脂变化。因工作压力大、饮食不规律，患上心脏病。幸好他及时就医，成功进行两根血管搭桥手术。现在他注重饮食健康，适度锻炼，享受悠闲的退休生活。还有一位朋友的丈夫由于忽视高胆固醇和血脂的指标，工作压力大，突发了心脏病，在接受了八根血管搭桥手术后，成功脱离危险。

　　尽管心脏搭桥手术技术已经比较成熟，而且成功率也高达 98%，但预防和及时就医仍然至关重要。这些病例提醒我们：要关注自己的健康，认真对待体检和调整生活习惯。一旦出现胸闷、气短、头晕或背部疼痛等症状，务必及时就医，切勿掉以轻心。

2024 年 3 月，美国

2021年岁尾杂感二则

夏 阳

一、德国足球队输了，怨谁？

在2021年度的欧洲杯足球赛中，德国足球队没有像德国球迷所希望的那样进入下一轮的八强赛，而是在第一轮便被淘汰出局。一时间舆论大哗，德国球迷的不满和媒体的批评几乎都指向主教练，其中较有代表性的一种意见是：这位教练早在前几年就该隐退了。

细想起来，足球比赛的输赢除了取决于天时、地利、人和三个因素，也即：球员对赛场气候的适应程度、球员对观众喧闹的抗干扰能力以及球员临场发挥这三个方面的因素，球队在落后情况下的取胜意志、在禁区内罚点球时的心理承受能力——这些都有可能影响球赛的最终结果，简而言之：足球赛的输赢有很大的随机性。一个足球队输球，教练虽然在球员的布阵方面有不可推卸的责任，但把输球的所有责任都推给教练，似乎有失公允。足球和篮球、排球不同，当球员在场上发挥不正常时，教练无法请求暂停比赛，以调整队员的心理状态和攻防战术。教练与赛场上的球员用语言或手势交流，是一种犯规行为，将会被主裁判罚离教练座位。

假如教练当年见好就收，比如在球队的成绩达到巅峰时期就隐退，现在的情况会不会好一些呢？如果站在教练的角度思考问题：处在事业巅峰时期，教练的商业价值和收入也在升值，有什么理由非要辞职呢？只要比赛成绩说得过去，不要说教练不会主动辞职，就连足球俱乐部也不会自找麻烦，花巨额资金买断现任教练，再花巨额资金找一个新手充当下一任教练。如果采用这样"见好就收"的人事安排，教练会想：反正早晚都必须走人，有什么理由安心工作呢？综观上述理由，让教练"见好就收"的假设没有实际意义。

  在商业化的足球行业中，球赛既有消费和娱乐性质，也是一种商业行为，它还与赞助商和许多普通球迷的经济利益息息相关，比如，电视转播权、球场的各种广告以及足球彩票，这些交易都需要通过比赛来实现。运动员和教练员是商业活动的参与者，同时也是受益者。如果让这些日进斗金的球员和教练提前退出球坛，他们的高收入哪里来呢？观众愿意为他们的"见好就收"买断吗？

  人们有时会在赛场上看到这样的场景：曾经风光一时的高龄足球队员在与年轻的球员对抗时毫无招数，有的会被后起之秀耍弄，还有的为了制造对方球员犯规的假象，甚至会有意摔倒在场地上。难道他们不懂得珍惜往日的荣誉吗？不知道见好就收吗？肯定不是。荣誉和金钱比较，他们更看重钱，只要还能上场参加比赛，足球运动员一般不会隐退。现在可以回到前面的问题了：德国队输了，怨谁？

二、隐括词与享乐词

  文友在朋友圈公布了一群网络诗人有关"隐括词"的讨论。所谓隐括词是指将一首旧体词用另一旧体词牌名重新创作一首描写相同内容的词，说白了就是改写一首旧体词。有人可能会认为：这是一种剽窃行为，也有人可能会认为：隐括一首旧体词是基于原创的一种再创作。

  古今中外都有对一部现成作品进行再创作的例子，比如，英国文豪莎士比亚的《罗密欧与朱丽叶》、德国文豪歌德的《浮士德》都来自于前人的作品，他们的再创作既没有剽窃原著，也没有对原创作品做简单的文字处理。数百年来，流传后世的并非原著，而是莎翁和歌德再创作后的作品。

如果现在学习旧体词的写作，有没有必要先学写隐括体词呢？作为初学者，做这类练习也许对创作旧体词有所帮助，就像学习写毛笔字总是从描红和临帖开始一样。然而，即使把古人的作品隐括得再好，也难以达到原作的高度，毕竟我们生活的时代与古词创作的年代相距远久，无法体验古人的生活环境和创作灵感，而且现在早已不再使用当时的文言文，无法准确理解古汉语中许多文字的含义。

现在人们可以借助专用软件检查旧体词的格律，这给旧体词的创作提供了方便。然而，在创作旧体词时不仅要注意格律，而且还需要适当运用典故。如果古文底子薄，那么很难写出高质量的旧体词，这有点类似古人所说的"工夫在诗外"。

最近读到一些旧体词作，其中许多作品虽然符合格律，平仄和押韵也都无误，但朗读这些词作时，无法感受旧体词的"词味"。《唐诗三百首》的作者[1]曾经说过："熟读唐诗三百首，不会吟诗也会吟"，这句话也适用于创作旧体词：如果熟读宋词数百首，有了对词的语感，写出的词句不至于生硬。

行文至此，想起最近读到朋友圈中一篇题为《人为什么要写诗》的微文，其中有一句很有意思的问话："一个好端端的人，为什么还要写诗？"按照中国"诗言志"的传统，创作诗词是为了感物咏志。人们用这种文学形式抒发情感、针砭时弊，或者渲泄不满。一个好端端的人应当随遇而安、知足感恩，而嫉世愤俗和牢骚满腹只会损害健康。友人建议学陶渊明写田园诗，或学苏东坡写美食词，或者干脆学写打油诗。综合友人的意见，决定写一些不伤脾胃的、不会导致肾上腺素飙升的作品，于是以《沁园春》为词牌名，创作一首以"吃喝玩乐"为主题的享乐词于下：

鱼翅参汤，红烩猪排，炸酱面条。过三巡烈酒，蛇羹海蟹，京城烤肉，庆丰汤包。莫忘锅贴，虾仁鲜饺，老窖陈年九曲烧。胡吃后，打几圈麻将，玩个通宵。

舞池占尽风骚，灯暗处勾肩又搂腰。配雷鸣电闪，光声效应，桑巴狐步，东晃西摇。可乐咖啡，葡萄鸡尾，郎姆原汁水蜜桃。海喝罢，洗一轮桑那，耍到明朝。

2021 年 12 月，德国

注释

[1] 蘅塘退士，本名孙洙（1711-1778），清朝文人。

读《红楼梦》

夏 阳

一、初读《红楼梦》

《红楼梦》是中国文学宝库中光辉灿烂的瑰宝，它讲述了清朝年间一个豪门家族走向衰亡的故事。据红学家们的考证，作者曹雪芹[1]是康熙皇帝的亲信曹寅的后人，这部耗费了几十年时间完成的皇皇巨著记录的就是发生在曹家的事。

第一次接触这部小说是在"文革"期间的中学时代。那时候学校里没有正规的文化课，一帮同龄的伙伴放学以后在外面撒野，干些钓鱼打鸟的勾当。后来大家开始在家发掘各种文学读物，读完以后与其他伙伴分享阅读体会。一开始，大家读的是《欧阳海之歌》《艳阳天》《水浒》这类的书，后来扩大到苏联文学读物《钢铁是怎样炼成的》《青年近卫军》《叶尔绍夫兄弟》等。到了中学的最后一年，经过多次向家长请求，终于获得了读《红楼梦》的许可。当时家长再三嘱咐：不要受书中"乱七八糟东西"影响。成年以后完全理解了家长当年的担忧：对于正处在青春期的中学生来说，书中某些不健康的片段，比如，"初试云雨情"以及"正照风月鉴"，不仅乱七八糟，而且也污秽不堪。

小说中涉及到的主要和次要人物有上百人之多，初读小说时很难厘清人物之间的关系。一位前辈提出的建议是：先读懂贾、史、王、薛四大家族的亲戚关系，然后再搞清楚金陵十二钗正、副册暗示那些人物与四大家族的关系。另外一位前辈介绍的方法是：在阅读过程中，按照人物出场的顺序做人物索引卡片，并且记录出场人物与其他人物之间的关系，一遍读下来，就有了比较完整的人物关系索引。

以后读到红学权威周汝昌[2]的著作《红楼梦新证》，对曹家与朝廷的关系和曹家几十年间从兴隆到衰败的过程有了大致的了解。小说描写的虽然只是曹家的兴亡史，但也是大清王朝从盛世走向衰亡的一个缩影。几十年来，已经通读此书不下十几遍，每读一遍都会有新的体会。现在工作之余偶尔会翻看几页《红楼梦》，在和文友的通信中也会引用几句书中的诗词。多年来的读书体会是：读《红楼梦》像是在品味一枚青橄榄：开始满嘴苦涩，慢慢咀嚼回味无穷——这也许就是这部书特有的艺术魅力。

二、宝玉忽然成"葆煜"

中学的最后一个阶段，学校组织学生去杨浦区的一家工厂学工。学校带队的有校革会的副主任、工宣队代表以及各班的老师。参加学工的四个班级约二百多学生被安排在工厂的各个车间劳动，主要工作是给工人老师傅当辅助工。四个班中各推出一个学生组成宣传小组，负责学工的宣传工作。校领导要求宣传小组每天上午十一点以前完成当天的宣传板报，并且把宣传板报挂到工厂食堂的大厅中。这四个学生分别负责组稿和定稿、抄写黑板以及制作绘画。四个学生从进中学起就和墙报打交道，对写文稿和出墙报可以说驾轻就熟。每天出完板报后，大家交流读过的各类书刊，并在下班之前整理出第二天出板报的稿件。

四人都喜欢看文艺书籍，经常在一起交流读书体会，回放柯察金和牛虻故事中的细节，讨论《水浒》中武十回、宋十回、"林教头风雪三神庙"中的人物性格特征。担任班主任的老师们虽然不会主动给学生推荐文艺作品，但当学生们讨论一些作品的时候，他们也会发表各自的意见，甚至会因为不同观点参加学生们的争论。

有一次在讲《红楼梦》中四大家族时，有位班主任老师随便说了一句："什么《红楼梦》《黑楼梦》的，不过是一个破落读书人偷窥一个丫鬟！"大家明白，他是在说第一卷中穷儒贾雨村瞥见一个丫鬟的一个情节。听到他这么一说，大家忍不住一阵哄笑。有一次，有人随手在纸上写了"贾不假，白玉为堂金作马……"由于忘记丢掉这张纸片，被校革会副主任看见了。这位年轻的语文课老师平时一副不苟言笑的模样，学生们都很怕他。正在担心被他刨根问底时，他先开了口："你们已经开始看《红楼梦》了？我是上了大学以后才看的。"接下来他和大家聊了一通书中的故事，也和学生们一起摇头晃脑地背起了"花谢花飞飞满天，红消香断有谁怜……"那天他情绪极好，主动帮学生抄板报，亮出一手秀丽的魏碑体字。也许在讨论《红楼梦》时进入了人物角色，他把墙报稿用的笔名"薛功"（"学工"的谐音）改成了"葆煜"（宝玉的谐音）。

三、"金玉"还是"木石"姻缘？

初次阅读《红楼梦》的读者，在没有读完全书之前，常急着想了解贾宝玉与林黛玉和薛宝钗三人之间的感情归宿。高鹗[3]和程伟元[4]续写的后四十卷中给出的答案是：贾宝玉被蒙骗与薛宝钗成亲，林黛玉得知此事后焚诗稿气绝而亡。如果仔细阅读原著，前八十卷的作者在第五卷的"金陵十二钗正册"判词中已经暗示了主要人物的结局，比如第一首写的是林黛玉和薛宝钗二人的命运：

可叹停机德，堪怜咏絮才。
玉带林中挂，金钗雪里埋。

诗中前两句中的"停机德"和"咏絮才"分别指具有封建道德的女子和女诗人，后两句中的"玉带林"和"金钗雪"明显是指林黛玉和薛宝钗。同一卷接着往下看，警幻仙姑请贾宝玉饮酒听戏，"红楼梦十二支曲"中《误终身》的戏文如下：

都道是金玉良缘，俺只念木石前盟。
空对着，山中高士晶莹雪；
终不忘，世外仙姝寂寞林。
叹人间，美中不足今方信，
纵然是齐眉举案，到底意难平。

"金玉"以及"木石"分别指薛宝钗（金）和贾宝玉（玉）以及林黛玉（木）和贾宝玉（石）。贾府中除了贾母以外，上下众人看好的是金玉（也即贾宝玉和薛宝钗的）结合，而木石之情是贾宝玉和林黛玉的恋情，可惜无论是薛宝钗还是林黛玉只不过是空对的"晶莹雪"（"雪"是薛的谐音）和难忘的"寂寞林"（"林"是指林黛玉）。接下来的《枉凝眉》中说得更加直白："一个是水中月，一个是镜中花"，二者都可望不可及。

小说的主题是"大厦倾斜"和"油灯耗尽"及至家亡人散（"飞鸟各投林"），而这个主题很大程度上是通过描写"金玉"和"木石"的感情冲突逐渐展开的。基本可以肯定的是，贾府中既不曾有过贾宝玉和薛宝钗，也不曾有过贾宝玉和林黛玉的结亲。

四、冒辟疆[5]是《红楼梦》的作者吗？

《红楼梦》是一部很有意思的文学作品，几十年来，几乎每读一次都有新的体会。最早接触这部书时，对书中某些情节感到新奇，也曾试图在阅读中理解每个章节叙述的故事情节。成年以后读这部书，不再关注"风月宝鉴"以及男女苟且之事，而是注重众多主要人物之间的冲突。现在读这部小说，兴趣集中在红学专家对细节的解读和各种考证的合理性。

这部小说最早的名字叫做《石头记》，以抄本的形式出现在1754年（乾隆十九年），全书一共有八十卷。小说在很长一段时间内被视为"枕中之密"，只在富贵人家偷偷传阅。到了1791年（乾隆五十六年）出现了一百二十卷的印本，已经更名为《红楼梦》。经过胡适等学者对小说作者的考证，得到比较一致的结论是：曹雪芹是原八十卷本《石头记》的作者，一百二十卷本的《红楼梦》出自高鹗和程伟元之手，他们修改了前八十卷并且续写了后四十卷。

最近读到的一篇网文中称，明末清初的文人冒辟疆是《红楼梦》的作者。第一次听到这个未经学界普遍认可的说法，于是特意查了有关冒辟疆的资料，与他的文学创作相关的记载有这样一段话："一生著述颇多，传世有《水会图诗文集》《朴巢诗文集》《先世前徽录》《影梅庵忆语》《寒碧孤吟》《六十年师友诗文同人集》"[6]，从另外一些资料中也可以找到冒辟疆的更多文学作品。他是一个有才华的文学家，这一点毋庸置疑，但这不足以证明他就是《红楼梦》的作者。现在有人提出推翻迄今为止学界公认的观点，那么希望提出此说的人能够提供有说服力的证据。

2022 年 3 月，德国

注释

[1] 曹雪芹（1710-1765），《红楼梦》作者。

[2] 周汝昌（1918-2012），古典文学专家。

[3] 高鹗（1758-1815），清代文学家。

[4] 程伟元（？-1818），清代文人。

[5] 冒辟疆（1611—1693），明末清初文学家。

[6] 参见：如皋市人民政府网站的词条"冒襄"。

文化传统与地方风情

过新年的联想

麦琪儿

中国农历新年,也称春节,是中国传统节日中的重要节日之一。今年是龙年,也是我来到北美的第四十个年头,这个新年对我们全家有着特殊的意义,因此我们与儿子一家以及亲家们一起庆祝这个节日。孙女精心布置了带有龙年元素的喜庆装饰,亲家们也带来了各种颜色的灯笼,孩子们穿上了中国传统的服饰,整个家中充满了浓浓的节日氛围,令人倍感温馨快乐。

我们没有亲手做传统的年夜饭,而是在一家中餐馆订了大家都喜欢的中式佳肴,取回家来后摆满了一桌,其中还有大家都特别喜欢的北京烤鸭。就餐前,孙女播放了她精心挑选的关于中国年的视频,大家边看边品尝美食,共同庆祝这个特别的新年。

第二天，我带着孙女去了当地图书馆举办的庆祝中国新年的表演活动。展示中国传统文化的节目丰富多彩，有书法和剪纸，还有不同的中国民族乐器、舞蹈和武术表演。开幕式上还有舞龙舞狮，孙女和许多孩子们看得非常高兴，当看到舞狮者表演的有些动作时，孩子们都格格笑个不停。

这次的新年庆祝，不仅是一家人的团聚，更是对中国传统文化的一次深情回忆。

回想起小时候，过年是一件大事。那时候物质匮乏，许多食物只有在过年时才能享用，凭票供应时期更是如此。记得当时为了采购年货，要很早去菜场或商店排队，有时去得晚了，只能买到不太理想的食材，比如没有完全长成的鸭子，或者较差部位的猪肉等。一般在过年前两三周，家里就开始做准备。外婆总是要买些肉腌制。那时没有冰箱，外婆就把肉洗净后用盐和花椒擦好几次，放在一个缸里，上面压块石头，过几天再拿出来，放在家中朝北的窗口风干。

过年前，学校就放寒假了。我和妹妹是外婆和妈妈的帮手。按照传统习惯，家里要进行一次彻底的大扫除。擦玻璃窗，拖地板，擦桌椅，还要把家中每个平时不太光顾的角落打扫干净，把五斗橱上的陈列用品擦好摆整齐。

最令我们困惑的是，妈妈要我们把平时不用的碗盆都拿出来洗。这些东西放在厨房的碗橱顶上，用报纸盖着，积了不少油烟。每次我们得花不少时间清洗，偶尔在过年时用一下，然后把它们放回原处，待到明年过年前清洗了再用。

外婆总是按照她的习惯准备年夜饭。除了准备年夜饭的必备菜品，比如肉圆、蛋饺和熏鱼，还要做不少点心，如春卷、肉汤团、芝麻汤圆、松糕、八宝饭等。这些点心除了家人享用外，还要准备着招待来拜年的亲戚朋友。记得小年夜那天，我和妹妹要完成做蛋饺和肉圆的任务，还要帮外婆做汤圆，包春卷和蒸松糕等。每次几乎都忙到大年夜这天的下午，把一切弄好后再帮外婆准备年夜饭。

文革前，年夜饭桌的中间会放一个炭炉，炭炉上放着所谓"全家福"的汤，炭炉是为了让锅里的汤保持温度。年夜饭中最好吃的当属这锅汤了。这锅汤是用鸡炖的，汤里有蛋饺、肉圆、炸过的猪肉皮、油豆腐、蹄筋和粉丝等。除了汤以外，碟菜有熏鱼、白斩鸡、清蒸鱼、烤麸以及各式蔬菜。我这个当年食欲不振的孩子也会被不少难得一见的佳肴所吸引。

大年夜除了吃年夜饭，守夜时要把新年要穿的衣服准备好，放在床边。我们女孩子还真是盼望新年可以穿新衣服新鞋子，妈妈总是给我们准备了新衣和新鞋。外婆说她年纪大了，不要守夜。妈妈也让我们早点睡觉，可是我们不愿意，要和邻居的孩子们一起放鞭炮，我们觉得反正不用上学，大年初一可以睡懒觉，而且年初一早上是没有亲戚朋友上门拜年的。

年初一早上，我们最盼望的就是可以吃那些平时不吃的点心，比如松糕、年糕、春卷、肉汤团等。外婆总是问我们想吃什么，她就会给我们准备。我最喜欢的就是春卷：外婆自己做的春卷皮，包了荠菜肉丝的芯子，然后在油里炸至金黄色，似乎是世界上最好吃的东西了。

我和妹妹早饭以后，要在家里的玻璃圆桌上放上四只蓝色的玻璃器皿，那些是高脚的盘子，每次在过年时才拿出来。我们会在这些盘子里放些糖果、瓜子、花生米或是松子等零食，用来招待客人，当然我们小孩子也可以随时随地享用。

接下来的几天里，来拜年的亲戚朋友还真不少，除了舅舅、阿姨和他们的家人，还有爸爸妈妈的同事、学生、老朋友等。我们小孩子很盼望那些拜年的人来，因为客人来了，我们就可以与客人一起享用各种各样的点心。

小时候很喜欢过年，可以吃平时不吃但又很好吃的东西，穿新衣服和新鞋子。后来渐渐长大了，感觉过年也没有很大的新奇了。成人以后，有时还觉得过年是件累人的事。特别是到了北美以后，忙忙碌碌地学习和生活，而且过新年时大多时间都要上课或上班，因此常常就忽视或忘记了。如今退休了,有了足够的时间,而且感觉过新年期间与家人在一起的时候十分快乐,同时能让我们的后代了解中国的文化传统,所以新年团聚也是传承传统文化的形式之一。

2024 年 7 月,美国

端午节——外婆的粽子

麦琪儿

每年农历的五月初五是中国传统文化节日之一的端午节。小时候过端午节,虽然不知道其含义,但记得那是一个要吃粽子的节日。每到端午节,外婆总会提前买好粽叶,那时大多是买新鲜的粽叶。回来后,先将粽叶放在水中浸泡,新鲜的粽叶会散发出一股清香。与此同时,我们就开始准备粽子的馅料。爸爸喜欢甜粽子,妈妈和我们小孩都喜欢肉粽。外婆总是尽量满足大家的口味,包各种各样的粽子,有红豆粽、枣子粽、白水粽,这些粽子在包的时候不放糖,到了煮熟吃的时候再沾糖。红豆需要浸泡隔夜,第二天才包入粽子。枣子粽中会放几粒红枣,而白水粽用的是纯糯米。肉粽稍微麻烦些,需要先将肉切块,用酱油和料酒浸泡,同时糯米中也要放些酱油和盐,然后再包。为了区分各种味道的粽子,外婆会把它们包成不同的形状,有的是三角形的,有的是长四角方形的,还用红、白不同颜色的绳子绑着。

还有一种粽子叫灰汤粽,这种粽子可能只有江南人会吃。爸爸总说这个粽子有多好吃,外婆有时也会包一些。江南传统的灰汤粽需要用稻草烧成灰,然后把稻草灰放在纱布上,再倒上热水,这样过滤的水中就含有石碱,再将包好的粽子放在过滤水中浸泡五、六个小时,然后再煮。在城市里不好找稻草灰,爸爸说可以用普通的石碱代替。外婆包好白水粽后浸泡在碱水里几小时,这种方法加工出的粽子,煮熟后的味道确实与白水粽的味道不同,我觉得这种口味一点也不好吃,但爸爸却特别喜欢这种口味,或许是因为他怀念小时候的味道吧。

  我和妹妹小时候也尝试着学包粽子，但总是包得不够紧。因为每年外婆都会包很多，这样也就不用我们姐妹自己动手了。随着外婆年纪渐长，包粽子的任务落到了妈妈身上，而我们后来也先后下乡、上学，很少在家，所以也就没有学会包粽子。

  长大后，了解了吃粽子的传统意义，相传这是为了纪念楚国诗人屈原，当然还有其他不同的传说。到了北美接触到世界各地的华人传统文化，了解到端午节还有赛龙舟活动，但我却一次也没有亲眼目睹龙舟比赛，只是在电视里观看过几次。有一次端午节时，我正在奥地利维也纳旅游，遇见那里的华人正在准备赛龙舟活动。看来华人即使生活在西方，还是不忘自己传统的文化节日。

  在北美，每次过端午节不外乎买几个粽子。肉粽是大家最喜欢的，后来还尝试了各地华人包的各种不同馅料的肉粽。肉粽里除了糯米，上海肉粽里只有五花肉，台湾肉粽里有咸肉加上花生米，广东肉粽里除了五花肉，还有香肠和蛋黄。各地的肉粽都充分利用当地的食材，也都能够满足人们的饮食习惯。每次吃粽子时，都会想起小时候外婆包粽子的情景：一锅白水粽，一锅赤豆粽，一锅肉粽……各种口味的粽子体现的不仅是外婆包粽子手艺，更多的是她对全家人的爱心。

2024 年 5 月，美国

中秋节的断想

夏 阳

农历八月十五是中国传统的中秋节，它和春节有些类似，也是家庭团聚的重要节日之一。选中这一天作为一个庆祝日，大概与中国数千年农耕社会有关：农历八月十五前后正是农闲期，在忙完夏季的收获和耕种之后，农户们有较长一段时间休整。这段时间是修理农具、组织集市贸易、举办各种民间活动的好时机。

中国民间节日大多有一些传统的礼仪。在中秋节这一天，大家都会赏月和品尝月饼。八月十五前后正是秋高气爽的季节，可以不受气候的影响观察月亮。这一天夜晚举目望月，人们似乎可以感觉十五的月亮特别圆。"圆"是指完整，没有缺失，对于一个家庭来说，它的意义不言而喻。

月饼的来历有不同的说法。小时候接受的学校教育中，月饼曾经是推翻元朝行动中传递联络暗号的工具。现在，人们宁愿相信早在唐朝就有了月饼，也不愿把月饼和"八月十五吃月饼杀鞑子"的传说联系起来。如果脑海里出现血腥的场面，谁还会有胃口品尝月饼呢？

在庆祝中秋节中，文化人自然有他们特有的品味和格调，在享受美食之时不忘记录瞬间的感受，于是就有了无数围绕中秋以及由此衍生出的以家庭团聚为主题的优秀作品。众多文学作品中流传最广的、几乎中学文化程度以上的人都能倒背如流的当属苏东坡的词《水调歌头·中秋》：

明月几时有？把酒问青天。不知天上宫阙，今夕是何年？我欲乘风归去,又恐琼楼玉宇,高处不胜寒。起舞弄清影,何似在人间。

转朱阁,低绮户,照无眠。不应有恨,何事长向别时圆?人有悲欢离合,月有阴晴圆缺,此事古难全。但愿人长久,千里共婵娟。

除了这首耳熟能详的中秋词,苏东坡还写过一首题为《中秋月》的七言绝句:

暮云收尽溢清寒,银汉无声转玉盘。
此生此夜不长好,明月明年何处看?

诗人在这里首先表达了对大自然的赞叹:晚间云雾散尽,空中散发出一丝凉意,远空悄无声息,只有皓月当空;接着即景生情,发出了感叹:今夜难得这样美好,明年此时将在哪里赏月呢?

行文至此,眷恋故乡之情不禁油然而生。今宵虽是家庭团聚之日,但也只能独自举头仰望明月,以此来表达对远方亲人的深深思念。

2018 年中秋节,德国

中国的节日习俗、传统游戏和烹饪佐料

夏 阳

一、元宵节·猜谜·汤圆

农历正月十五,是中国传统的元宵节。"宵"是晚上的意思,"元"的意思是"圆"的谐音,这一天是阴历新年以来的第一个月圆之日。元宵节是除了春节和中秋节外最重要的民间节日之一,这一天的庆祝活动包括赏灯、猜谜和吃元宵。

中国古代的几部文学名著中都有描写元宵节的情节。比如《红楼梦》第二十二卷中,贾政陪贾母猜谜,前面几个谜语的谜底分别是爆竹、砚台、算盘一类的物品,最后一个谜语的一谜面为:

有眼无珠腹内空,荷花出水喜相逢。
梧桐叶落分离别,恩爱夫妻不到冬。

读到这个谜语,贾政心里似乎有一种不祥的预感,他觉得宝玉小小年纪写这样一首诗,其中用了"出水荷花""恩爱夫妻"一类的词,不是一个好的兆头。作者没有直接给出谜底,而读者想知道的不仅是谜底,还想知道这首诗究竟在影射什么?这是在暗喻宝玉和黛玉二人的命运归宿,还是在暗示其他人物的命运呢?这个问题也许只能留给红学家们解答。

吃元宵是庆祝元宵节的重要内容。元宵是北方的食品,南方人称它为汤圆。元宵和汤圆的制作方法不同:北方人"滚元宵"而南方人则"包汤圆",即使用同样的食材,元宵和汤圆的口感也不完全相同。

上海地区生活过的人大多知道"宁波汤圆"这个商业品牌,严格地说,它似乎是汤圆的一种标准产品:猪油、白糖和黑芝麻按一定比例配制成直径约一点五厘米的汤圆馅,用糯米粉面团把汤圆馅包成直径约二厘米的圆子。

小时候只吃过宁波汤圆,很自然地认定汤圆是甜食。直到前几年春节期间回国休假时,才在无意间改变了这个看法。那次从机场乘坐出租车回家,路上在与出租车司机聊天中了解到,上海川沙县农村人年三十吃年夜饭,大年初一早上吃菜肉馅的"汤团"(浦东人称汤圆为"汤团")。

用菜和肉做汤圆的馅,听起来有点像往咖啡里放盐一样不可思议。后来从一位发小口中得到证实:在上海地区,凡经济条件好一些的人家,过春节和元宵节时都会做菜肉汤圆。从他那里还了解到,原上海县地界上的一家老字号点心店出售各种汤圆,那家的菜肉汤圆味道鲜美,深受老上海欢迎。下次有机会回上海,一定去那里品尝菜肉汤圆。

二、石头·剪刀·布

无论在中国的南方还是北方,人们大概都知道石头、剪刀、布这个游戏。这是两人玩的一种猜拳游戏,也常被用来决出二者之间的胜负,类似用投掷一枚硬币来裁决胜负。无论采用石头、剪刀、布还是采用硬币作为博弈的工具,在游戏开始之前,双方获胜的机率已经知晓,最终的胜负结局是随机实验的结果。

有趣的是,石头剪刀布的游戏结果不符合简单的二元分类:除了"胜"和"负"两种结果以外,这个游戏还有第三种结果,也即"和",这三种结果出现的概率分别为三分之一。这也意味着:游戏双方的每次博弈除了有"胜"和"负"之外,还可能会出现和局,也即延缓胜负的决出,这个游戏的巧妙之处正在于此。石头、剪刀和布,一物克一物,也即:石头克剪刀,剪刀克布,布克石头,有点类似中国文化中的"万物相生相克"的自然原则,但并不能以此肯定,这个游戏是中国古人的发明。

德国的小孩也玩这个游戏。他们玩这个游戏的时候，先把手放在背后，在给出口令"Sching（音：xing 第一声），Schiang（音：xiang 第一声），Schong（音：xiong 第四声）"后，两人同时伸出手，给出"石头""剪刀"或者"布"的手势，然后决定输赢。这个游戏的名字和它的口令一样，但没有人能说出这个口令的来源和意思。

小时候看见住宅区里的小女孩们玩这个游戏，同样也先把手放在背后，在发出口令后同时给出"石头""剪刀"或者"布"的手势，她们的口令是"猜～东～里～猜！"，而且这个游戏也被称为"猜东里猜"。直到今天也没有弄明白，这个口令到底是什么意思。这也许是一个无法解码的文化符号吧。

三、酱油

酱油是烧中国菜时常用的一种重要烹饪佐料，用它作为主要调料的炖制加工方法被称为"红烧"。它在烹饪中的作用可以与西方人的胡椒粉相比拟。酱油采用大豆为原料，经过发酵加工后制成。酱油中的脂类物质含量低，它不属于人们日常食用的菜油类，严格地说，酱油不是油。

计划供应年代，城市中的副食品如肉类、家禽和蛋类均凭票供应。那时每个月难得买一次肉，许多人家都把肉和百叶结、油豆腐，或者粉条、白菜一起红烧。红烧菜中的含盐量较高，就着几块肉就可以吃下几碗米饭。"文革"结束以后，在搞活经济的改革中，市场供应有了很大改善。由于大量新鲜蔬菜、鲜活的河鱼、河虾以及各类海鲜进入菜市场，人们的口味也开始向清淡的方向转变。居民家中的健康烹调方法不再是红烧，酱油似乎在日常生活中变得不像以前那么重要了。

到了国外，在与同事去中餐馆用餐时，发现外国人普遍喜欢吃大量酱油、辣料和味精加工出的"中菜"——也即"中国人烧的菜"的缩写。有些同事还会在菜盘中加入（被称为"生抽"或者"老抽"的）

白酱油和红酱油，用来加重佐料的口味。在他们的错觉中，酱油似乎是烧中国菜必不可少的烹调佐料，似乎不用酱油烹制的菜肴不能算是中国菜。

近些年来，有时会与外国友人去中餐馆提高生活质量。面对宫保牛肉、宫保鸭一类酱油中菜的诱惑，常会忽略少食油腻、少食重盐和忌食辛辣食物的医嘱，忍不住来个大快朵颐，敞开胃口饱餐一顿。去中餐馆"打牙祭"，与其说是为了享用酱油中菜，不如说是一种怀旧：在品尝各类酱油中菜的时候，让思绪返回和家人在一起的美好时光。

2022 年春节，德国

苏州话·苏州人·苏州城

夏 阳

有位自称苏州籍的群友在群聊中经常用"俺"代替"我",印象中"俺"是北方人的用语,而在江南一带,似乎没有人会用"俺"作为第一人称。几轮讨论下来了解到:苏州人的"我",读音与"ewu"近似,类似"鹅吾"两个字的读音,在苏州人看来,"ewu"与"俺"的读音"an"之间仍然有很大差别。苏州话是吴语中最具代表性的方言。根据语言专家的研究,标准苏州话共有二十七个声母和四十九个韵母,还有七个声调,而苏州郊区方言的声韵系统比标准苏州话更为复杂。此外,还有研究表明,苏州话对周边几个地方的方言形成有一定影响,其中也包括上海方言。有趣的是,土生土长的上海人未必能完全听懂苏州方言,更听不懂评弹传统曲目的唱词;相反,苏州人在理解上海方言方面似乎没有太大困难。苏州话的特点是语音缠绵,听苏州"小娘鱼"(苏州话:小姑娘)的轻声细语,可谓宛声悦耳。

"文革"期间,同一幢楼里搬来一家新住户,这家的男主人是江西人,女主人则是苏州人,他们有一对长得非常可爱的小孩。有一天,大家在门洞前的花坛里栽种一棵香椿树,这家的男主人加入到了大孩子们的栽树行列,指导大家怎样栽树,还传授了他们家乡人用香椿树叶炒鸡蛋吃的经验。听了这番介绍,大孩子们开始讨论,在用香椿树叶炒鸡蛋时,是否要加点佐料调味。这时,这家的小男孩腼腆地凑上前来,用一口纯正的、软糯的苏州话背诵了一首童谣:

麻子麻，
爬枇杷；
枇杷树上一条蛇，
吓得麻子颠倒爬。

这个小男孩冷不丁冒出四句话，每一句末尾的"麻""杷""蛇"和"爬"在苏州方言中押韵，听罢这四句软绵绵的苏州话童谣，在场的所有大孩子都笑翻了。从此以后，大家都管这个小男孩叫"麻子麻"。

这家兄妹两人的相貌都随他们的母亲：细皮嫩肉、红唇白牙，见人总是笑眯眯的，这样的孩子人见人爱。这家的女主人在苏州一家医院工作，只要回来与家人团聚，他们家门前就会晒出女主人为全家人洗净的衣服。男主人是大学老师，平时带着两个小孩生活。也许因为男主人不善做家务，小孩子很小就懂得为家里分担家务，经常可以看见他们去教工食堂买饭。不知不觉中，这家的两个小孩都长大了，也都先后进了大学。因为有着严格的家教，这家的孩子们走到哪里，一直都装束整洁，待人彬彬有礼，可见家教对人的行为和举止有着很大的影响。

苏州是江南的名城，一句古老的谚语"上有天堂，下有苏杭"描写这里环境优美和气候宜人以及城市繁荣与富庶。这座历史悠久的古城是传统曲艺评弹和昆曲的发源地，除了曲艺，苏州的丝织工艺品在国内外享有盛誉，这些精美的手工艺品与苏州人的细微入至和精益求精的工匠精神分不开。值得一提的是苏州人的烹调技艺，比如，腌笃鲜、蟹黄豆腐、百叶结烧肉这些广受南方人喜爱的菜肴，也都是苏州人的贡献。苏州人普遍讲究食品，作家陆文夫[1]在小说中介绍过，苏州人即使吃一碗清炒虾仁的"头汤面"，也要"宽汤，重青，要浇要过桥，硬点"。这篇小说问世以后，职业种类多出了一个新的名称：美食家。

建筑大师贝聿铭[2]祖籍苏州，为了把园林的建筑以及美学元素融入北京香山饭店的设计，他特别邀请同济大学古建筑专业的陈从周[3]教授担任顾问。陈从周教授对苏州园林建筑有不少独特的见解，比如他曾经提出这样一个观点：园林中前后院之间的隔墙上安装棱花窗，从前院透过棱花窗可以窥视后院的景观，这种处理方法叫"借景"。1980年代中期，有一次在陪同一位德国外宾参观拙政园时，由于当时不会说德语，只能用英语勉强解释了"借景"的概念。外宾听罢一脸茫然不解的样子："借"字分明包含了"transmission"，也即"从一处转至另一处"，两院之间的隔墙上安装棱花窗，后院的景观怎么会被"借"到前院来呢？对同一种园林工艺的不同解读，除了语言交流的障碍之外，两种文化在建筑审美方面的差异是主要原因。

很多年以后，有一次，和当年的德国外宾——德国布伦瑞克大学教授——一起参观位于德国波鸿市的潜园[4]，我们回忆起当年曾经使用"借景"一词的往事，最后大家的一致意见是：如果在翻译"借景"的时候用"透视棱花窗窥视后院的景观"，外宾更加容易理解古建筑大师提出的审美观点"借景"的涵义。

2023 年 8 月，德国

注释

[1] 陆文夫（1927-2005），参见小说《美食家》。

[2] 贝聿铭（1917-2019），美籍华裔建筑师。

[3] 陈从周（1918-2000），同济大学建筑系教授。

[4] 潜园，同济大学张振山教授设计。

闲话枫泾镇

夏 阳

上海市金山县枫泾镇位于浙江省和上海市的交界处，该镇向东北方向约二十公里是松江城，东南方向约二十公里处是上海石油化工总厂，西南方向约二十公里是浙江省的嘉兴市，如果在地图上把松江城和嘉兴市连成一条直线的话，枫泾镇大致在松江与嘉兴连线的中点位置。

最近有微信群友在访问了枫泾镇后，从旅游审美角度拍摄了一组反映古镇的照片。根据他在微信朋友圈里提供的文字说明，从九张照片中选出八张，按照每一张照片的内容随手写了以下应景的八句：

酒馆门半掩，蹄膀三桥店。
路边卖粽子，墙上悬酒坛。
小巷延深处，灯笼挂两边。
河水沿街走，树荫供休闲。

第一和第二句中的"门半掩"和"三桥店"分别是一家酒店和一家蹄膀专卖店的店名。蹄膀在北方话中被称为"肘子"，枫泾镇的红烧蹄膀选料严格，经过多道加工烹制而成。蹄膀取自当地饲养的黑皮纯种枫泾猪的后腿，这种猪的出肉率高而且肉的肥瘦搭配均匀，是上海地区的优良品种猪，用它加工出的红烧蹄膀色香味俱全，是镇上的一道名菜。该镇出产的黄酒也享有盛誉，镇上一家小店的外墙上悬挂着酒坛，一看就知道这里专卖黄酒。从这家酒店特有的酒坛广告可以看出当地人在营销方面的精明之处。

虽然还是春节过后万物开始复苏的季节，长假中的小镇居民已经忙着接待各方来的游客。慕名而来的客人们无不为枫泾镇人用勤劳和智慧打造出的朴素而优雅的环境赞叹不已：沿街的店铺高挂着大红灯笼，显示人们正在为元宵节做准备；小巷通往深处，似乎在引导游客去酒香传出的地方；沿河栽种的树木形成了遮挡夏日阳光的自然屏障，河边的草地可让儿童们游嬉，随处可见的长凳可供游客们小憩。

如今小镇的这番景象很难与1970年代中期所见的情景联系起来。当年在运输公司当装卸工，工作性质有点像现在的"外卖小哥"，每天按照业物调配单把货物送到客户单位。装卸工人中午没有固定的午饭和休息时间，到了饭点可以在运输公司分布在市区的任何一个车队食堂就餐。如果附近没有运输公司的车队，或者错过了食堂开饭的时间，可以在就近找一家饮食店用餐。凡是在外面就餐，单位补贴一角七分钱的误餐费。

那是在"反击右倾翻案风"期间，一次去嘉兴地区运送一个十多吨的旧锅炉，中午在枫泾镇上的一家小饭馆吃午饭。小饭馆的设施相当简陋，只有几张方桌和几条长板凳。当时全国正在批判"唯生产力论"，在农村实行"割资本主义尾巴"，也就是不许农民把自家的农产品拿到市场上交易，这样就断了城镇小饭馆的进货渠道。当时肉类、家禽、鸡蛋都属于国家统购统销的农产品，是凭票供应的副食品。小饭馆没有国家的配额，自然"巧妇难为无米之炊"，只能给顾客提供辣酱面、阳春面一类的"清汤寡水"。在枫泾镇的那家小饭店里，且不要说猪蹄膀，就连猪头肉、猪耳朵都没有供应。

那一次午饭买了四两米饭，交四两上海市区粮票，外加八分钱（每斤米饭两角钱）加工费，再花一角钱买一碗油渣豆腐，一顿饭一共花了一角八分钱，除去单位补贴的一角七分钱误餐费，自己实际支出一分钱。什么是"油渣"？"油渣豆腐"又是一道什么菜呢？油渣就是用猪的油膘炼猪油后的剩余物，油渣豆腐是油渣的碎块与豆腐一起烧出的一道菜，这是我们这些小工人当年最常吃的菜，除了考虑消费成本，也有口味方面的原因：那时肚里没有油水，动物脂肪高含量的食品，比如猪油拌的阳春面、油渣豆腐、葱油饼、芝麻汤圆等等都是大家喜欢的食品。

由于不满无休止的政治运动，工作单位里的一些小工人经常聚在一起发牢骚、讲怪话。那天，在午饭间，一个平时思想活跃的小青年讲了一个政治笑话：四川省的"文革"造反派在批判"右倾翻案风"运动中贴出一副针对"右倾翻案风总后台"的大标语："某某某上台，千百万人头将要落地"，过了一夜，标语被人改动了一个字，变成了"某某某上台，千百万猪头将要落地"。两条标语虽然只有一字之差，但却反映了普通老百姓的态度：他们厌倦了政治运动，希望加快恢复经济，能过上有肉吃的踏实日子。幸亏事后没有人向领导打小报告，不然讲笑话的小青年有可能会遇到麻烦。

差不多五十年过去了。现在，游客们访问枫泾镇的时候，不仅可以体验江南小镇的文化与生活特色，还可以尽情品尝各种地方传统美食，而油渣豆腐这类高动物脂肪含量的不健康食品也早已被清除出了菜单。随着生猪养殖技术的不断提高以及源源不断的"猪头落地"，枫泾镇的特色美食中又有了大众喜爱的红烧蹄髈。

2021 年 7 月，德国

江湾五角场记忆

夏 阳

走出住宅区大院，沿四平路向北步行几分钟，映入眼帘的是一条东西流向的狭窄小河，人称三号河。"文革"以前，河上偶尔来往着渔民的小木船，河里以及河岸边的一些水生物，比如鱼、虾、螃蟹和泥鳅，都是住在附近的小孩们捕捉的对象。不知道从什么时候起，沿河的一些工厂不断向河里排放工业废料，河水开始受到污染。到了上世纪八十年代中期，河水的颜色变得几乎和墨汁一样乌黑，原本清净的一条小河成了附近居民讨厌的臭水浜，离得远远的都能闻到河里散发出的恶臭味，河里也没有了水生物。

三号河将市区和郊区分为两部分：河的南边属于杨浦区，北边则属于宝山县。在计划供应的年代，市区和郊区居民的待遇有一些差别，例如，市区居民比郊区居民每月多半两油票。此外还有更大的限制：郊区居民的户口不能随便迁往市区。跨越三号河的三道桥以前是一座木桥，大约在"文革"初期，这座桥被改建成了水泥桥。过了三道桥沿四平路向北走，右侧是一个军队的大院，左侧的一片农田延续到与四平路交叉的国权路。过了国权路再往北走，右侧区域内有一家厂名由四个数字组成的工厂。继续往北走不远，过了国顺路，左侧沿街有一片民国时期遗留下来的简易民居，这片民居背后有一个为铁路局职工修建的住宅区。再往北是国定路，前方不远处有一个圆环交通路口，五条通往不同方向的公路在这里交汇——这里就是江湾五角场。江湾五角场是市区东北角的一个重要交通节点，从圆环交通路口向外发散的五条路分别是：

一、宁国北路，向东南方向延伸，通往杨浦工业区，沿路有农田和居民区，也有一些工厂；

二、翔殷路，向东延伸，通往军工路港口工业区，沿路有军队大院、江湾电影院、拖拉机厂；

三、淞沪路，向北延伸，通往江湾镇，沿路有江湾体育场、上海体育学院；

四、邯郸路，向西延伸，通往大八寺，沿路有建材学院、复旦大学、建工局医院；

五、四平路，向南延伸，通往外滩，沿路有同济大学、汽车一场。

小时候家长管得严，无论上树逮知了还是下地捉蟋蟀，都不能离开住宅小区，那时没有单独去过五角场。"文革"期间进中学以后，课余活动的许可范围虽然有所扩大，但如果没有特殊情况，也只能来往于学校和住宅小区之间。到了中学的最后一个学年，学校组织学生协助汽车一场统计客运流量。学生们被分编成几个小组，在指定的时间段里乘坐55路公共汽车，往返于五角场和延安东路外滩之间，记录下每一站上下车的乘客人数。车辆到达五角场终点站以后，可以下车休息半小时，这期间有时间熟悉五角场的环境，逛那里的五金店、文具店和百货商店。

从那以后，已经长成半大小伙子的一帮发小们会定期去五角场的澡堂泡澡。每次在进澡堂之前，先花七分钱买五支飞马牌香烟，供泡完澡后享用。进入更衣室脱去衣服之后，走进蒸汽弥漫的热水浴池，慢慢将身体浸泡在热气腾腾的水中。接下来就是互相擦背，最后冲洗并擦干身体之后回到更衣室，然后舒舒服服地躺在长沙发椅上，煞有介事地点上一支香烟，悠然自得地吐出一连串烟圈，看着白色的烟圈在漂浮中徐徐散去。如果澡堂师傅甩来浴巾，暗示大家抓紧时间离开，这时每人给师傅递上一支烟，就可以继续在沙发上躺一会儿。

离开澡堂后，大家一起去不远的一家小饭店，每人买上二两白酒，要上一盘猪头肉和四两米饭，一边抽着烟，一边喝着酒，享受烟酒刺激大脑分泌的多巴胺带来的快感。来这里吃饭的有不少是附近几所高校的师生，比如，复旦大学的贾植芳教授在回忆"文革"中挨整的情形时有过这么一段记载："有时我利用到五角场买日用品、洗澡、理发的机会，到附近的小饭馆买上八分钱一两的三两土烧酒，两毛钱的猪头肉，半斤阳春面，为自己进行一次盛大的'宴会'"[1]。这家饭店的门面虽然不大，用的是粗糙磁碗和普通竹筷一类的餐具，但这里是半大小伙子们背着家长，可以无拘无束地抽烟和喝酒的地方。

中学毕业后，进工厂当了小工人。有时到了休息日也会去五角场闲逛，在那里的一家不起眼的新华书店分店买书。这家书店的店面不算大，它的主要服务对象是郊区居民，有很大一部分书和农业知识有关，也有少量政治、文学和艺术方面的书。由于这一带的顾客很少关注人文方面的书，所以偶尔也会在这里发现紧俏的人文书籍，比如，有一次在这家书店里买过普列汉诺夫的《论艺术》的中文译本[2]。

1980年代中期最后一次逛这家书店的时候，书店已经向读者提供开架服务，除了少量人文和科技书，港台流行音乐的磁带琳琅满目。书店门外的各类小吃和服装地摊显示了时代的特征：改革意味着破除束缚经济发展的清规戒律，也就是发展个体经济，允许私人摆摊卖炸油饼、小馄饨、羊肉串……；开放意味着发展对外贸易，这就是引进录音机、喇叭裤、港台歌曲……。那是一个令人迷茫的年代，所到之处，常可以听见附近居民家中传来缠绵而且几乎是颤抖的歌声：

"不知道为了什么～，忧愁它围绕着我～，我每天都在祈祷～，快赶走爱的寂～寞～……"[3]

无法跟上时代的变化，眼见着留长头发、戴蛤蟆镜、穿花衬衫和身着牛子裤的男男女女满大街走，民间的顺口溜"十亿人民九亿商，还有一亿在观望"更让人对缺乏精神追求的、"一切向钱看"的社会风气十分反感。那时经常在思考一个问题：何时能清走这些乌七八糟？

再次来到五角场已是二十多年以后了。五角场自 1990 年代改建后，五条公路拓宽成了双向分离的多车道公路，除了宁国北路改名为黄兴路以外，其他四条路仍然保留了原来的路名。五条交通干线以立体圆盘为集合点，地面上用若干个支架撑起抛物型圆面的顶盖，保证了地下空间有充足的采光和空气流通；机动车和行人分别在地面上和地面下分隔的空间中运动，地下步行区中有多个通道，行人可以方便地进入地铁站，也可以乘滚梯进入周边几家大型商场。乘坐地铁 10 号线可以从新江湾城穿越整个市区直达虹桥火车站，沿途的地铁交通网可以方便地把乘客运载到市区的不同地方。

邯郸路向市区方向的两侧已是高楼林立，这里既有购物中心也有娱乐场所。随意进入一家上海书城分店，书架上成列的大多是金融投资方面的通俗读物，这表明了时代大潮流中读者的兴趣取向。书店隔壁是一家星巴克咖啡馆，走上二楼，迎上前来的服务员过于热情的态度让人感到有些不自然。咖啡店不远是食品一店大楼，入门处的滚梯直达食品部，那里点心专柜的生煎馒头、锅贴和牛肉汤仍然是记忆中的味道。另外几个层面中分布着多家餐馆，为顾客提供不同菜系的美味佳肴。

过去五角场曾经是发小们"打牙祭"的地方，如今沿街的小商店早已不复存在，取而代之的是栉比鳞次的高楼大厦。尽管咖啡厅、点心店和各类餐馆比比皆是，但已经没有了当年背着家长来这里泡澡、抽烟、喝酒、吃猪头肉的感觉了。有感于五角场几十年来的巨变，口占打油诗一首于下：

当年结伴此间游，如今满街是高楼。
虽有现代星巴克，难比当年二锅头。

五角场有着一代人的记忆，也记录了几十年来时代的变迁。希望它能保持传统的特色，成为传承本地文化的场所。

2021 年 2 月，德国

注释

[1] 贾植芳：《狱里狱外》，天地图书有限公司，2001年，第250页。

[2] 普列汉诺夫：《论艺术》，曹葆华译，三联书店，1974年。

[3] 香港流行歌曲。

彰武路今昔

夏　阳

上海市区东北角上有一条不太显眼的彰武路。"文革"以前，这条路起源于三号河的南岸，是一条由东先向西南然后折向西北方向的柏油马路。这一带虽然属于市区，但在马路起源的东边有一大片农业区，那里的农民主要以种蔬菜和瓜果、饲养家禽和猪为生。

"文革"以前，从三号河南岸沿彰武路步行，马路右侧（也就是马路西侧）是同济大学的教职工宿舍区，左侧（马路东侧）的一个大院曾经是上海市航空技术学校的校园，校内主楼的南北有两幢东西轴线的教学楼，楼顶上分别放着"团结紧张"和"严肃活泼"的大幅标语牌。行人经过这里，看一眼便可以想象出：这所学校实行的是军事化教学。航校的广播站每天早上六点播放起床号，晚九点新闻联播节目结束后播放熄灯号。这所学校的校纪严格，学生们除了每天早上在彰武路上出操，星期六晚上离校回家和星期天晚上返校以外，平时很少见到学生进出校园。该校南门打开的时候，可以看见里面停放着一架单引擎的喷气式飞机，偶尔也会看见学生爬进驾驶舱，在里面练习操作。

走过这个校区，先往西南，然后折向西北方向，步行约二百米，到了与阜新路的交汇点。这里到彰武路的末端四平路大约五百米，这个地段中，集中了几家为居民区服务的商店。以前，马路的南侧有一个茅草屋顶的简易工棚，这是居民小区的菜市场。"文革"初期的那几年，每到过年前夕，为了买一点猪肉、一颗黄芽菜（北方人称为白菜），许多居民不到天亮就去菜场排队。计划供应年代，豆制品（包括豆腐、油豆腐、素鸡、百叶结等）属于计划供应的副食品，肉类也都凭票供应。那时，一家人难得烧一次红烧肉，买肉的时候都希望售货员能多切出一点肥肉，以补充肚里的油水。运气好的时候可以买到猪板油（也即脂肪块），用它提炼出的猪油（北方人称之为"大油"）可以用来炒菜也可以用来拌饭吃。煮一碗清水汤面，撒一点盐面，加一点葱花，再拌一小勺猪油，上海人把这种清汤面称作"阳春面"。这是上海人的花头经：哪怕是一碗白水面，也要吃出个名堂。

从菜场向西走，前面有一家这一带颇有名气的彰武食堂。这家饮食店早上出售大饼、油条、葱油饼、豆浆、酒酿圆子，中午和晚上供应阳春面、小馄饨、冷面和生煎馒头。大饼类似北方的烧饼，制作过程比较简单：先用发面做成直径约 10 厘米和厚度约 1 厘米的大饼毛胚，毛胚的表面撒几颗白芝麻，然后把毛胚贴在烤炉的内炉膛壁上，几分钟后烤熟的饼可以出炉了。葱油饼与大饼差不多大小，先用发面做成葱油卷，把葱油卷擀成圆饼，然后把它放在烤炉里翻烤，并在饼的表面刷上油，直到两面呈焦黄色便可以出炉了。干这一行的老师傅每天天不亮就要起来和面做准备工作，一天辛苦下来挣不了多少钱，而年轻人大多不愿意从事饮食业的服务工作。当年做葱油饼的老师傅退休以后，这门手艺后继无人，从此这家店就不再卖葱油饼了。

这家饮食店曾经因为碗筷等餐具消毒不严格而几次被迫停业整顿，其中影响较大的一次停业整顿发生在"文革"初期。由于一些在这里用过餐的大学生患了急性肝炎，于是一大帮红卫兵大学生来店里问责，他们在店内和店外贴了"打倒彰武黑店"的大标语，责令这家店停业整顿。一时间，"黑店"的恶名在附近传开，吓得居民们很长一段时间不敢去那家店买早点。红卫兵的激烈行动提醒了附近居民，以后大家都自带器皿去店里买小馄饨，避免使用店里的碗筷餐具。

彰武食堂的马路对面有一排茅草屋，其中有三家小店：第一家是杂货店，出售竹器、夏天用的凉席、蚊帐、锅碗瓢勺，此外还提供修补搪瓷杯、水壶、砂锅等业务；第二家是缝纫店，提供裁剪和改做衣服、弹棉花胎、洗被单以及服装染色等业务；第三家是修鞋店，除了修补皮鞋、加皮鞋底掌、修补胶鞋以外，鞋店也提供缝合居民自制的布鞋面和布鞋底业务。虽然每家店只有三、五个员工的规模，但却给居民生活提供了许多方便。

走过茅草屋是同济新村的大门，过了新村大门，有一幢砖瓦结构的平房，它建造于"文革"前夕，平房里的商店属于杨浦区工商局管辖下的国营单位。其中第一间是理发店，店里有几把理发椅和两台烫头发用的烘干机，几个理发师傅包干了大学和家属区的理发业务；第二间是百货店，内有五金、药品、文具、日用品（如针线等）柜台；第三间是食品和部分日用品店，内有油盐酱醋、点心、肥皂草纸、水果、冷饮柜台，到了夏天，商店在冷饮柜台外面搭起凉棚卖西瓜，那时最受欢迎的是瓤甜籽少的"华东26号"解放瓜。过了百货店就到了彰武路和四平路的交叉口，路口有一家邮政局。彰武路后来成了一条商业街，它的变化最早就是从邮局门前的空地上开始的。

大概从1980年代初期起，彰武路逐渐变得热闹起来。最早的商业活动多少有点冒险的性质：一些郊区农民不顾城市管理部门的有关规定，在邮局前的空地上摆地摊卖鸡蛋，也用鸡蛋与附近居民交易香烟票。那时没有营业执照不能随便设摊做买卖，但那一带远离闹市区，没有专门的城管人员监督市场。

那是一个探索改革的年代，报上搞活经济的宣传激励人们下海经商。有了卖鸡蛋人的尝试，彰武路上的地摊如同雨后春笋，一下子冒出一大堆卖馄饨、卖油墩子、卖油条的摊位。地摊消费者迅速扩大到大学的师生，一些在同济大学任教的外籍教师也来光顾小吃地摊。生意旺盛的时候，夜间仍然有小贩支着蜡烛做生意。一位老教授曾写过一首打油诗，用"蜡烛通宵卖馄饨"的诗句描写了地摊生意火爆的情景。

本世纪初再次来到彰武路，不见了满街地摊和小商贩的乱象，原来的马路已被扩建成了双向四车道马路。彰武路西端的北侧靠近四平路那一带，沿街新建了不少小饭店和饮食店，居民们把这种连成一片的餐饮服务区称为"大排档"。"萨斯"爆发以后，市场管理部门和消费者再次对商家做了筛选，"大排档"完全被淘汰出局。原来的邮局拆迁以后，一幢现代化办公大楼平地而起，大学商学院搬进了大楼。

彰武路南侧是新商业区，那里有几家挂了洋招牌的点心和饮料店，如麦当劳和星巴克，还有几家不同特色的饭店，这些都是有钱的年轻人常去的高消费场所。进入这些店家，年轻女服务员立即会对客人鞠躬，并说一声"欢迎光临"，这让客人感到不舒服。从她们的僵硬面部表情可以看出，这一声"欢迎"并非出自内心，她们欢迎的是顾客来店里大把消费人民币。

彰武路与鞍山路和阜新路交汇那一带，现在是一个面向居民生活区的服务网点：菜场、小超市、水果店、多家点心铺、五金店、文具店、洗衣店、药店、邮局和多家银行分行。时代不同了，人们早已不再穿打补丁的服装，砂锅、搪瓷杯或者鞋坏了也不用再修补，手工作坊如缝纫店、杂货店和修鞋店已经绝迹。多家点心店在这里扎下根，为居民和过路的顾客提供面点。现在连做包子的点心铺也实现了现代化，普遍使用压面机揉面，用煤气灶和特大的笼屉蒸馒头，用支付宝收款。

1950年代初期，在兴建同济新村时开辟出了彰武路。很长一段时间里，它是连接同济新村、公交新村、鞍山新村和铁岭新村几个居民小区之间的一条小路。到了本世纪初期，彰武路拓宽以后，六条不同线路的公共汽车在这里设立停车站，各路公共汽车分别通往北火车站、大柏树（以前的大八寺）、杨树浦、江湾五角场以及南京东路外滩等地，为居民外出提供了极大的方便。然而，由于市区内日益增多的机动车、电动车造成四平路、控江路、中山北二路交通拥堵，彰武路成了疏通阻塞和缓解车流量的分道。各类车辆不分昼夜行驶在彰武路上，特别是在车辆行驶的高峰时间段，汽车排放的尾气和车辆行驶中产生的噪音严重污染这里的环境。

二十多年来，彰武路经历了从准郊区向市区的转型。以前走在这条路上，抬头可以望见蓝天白云，侧耳可以听见沿街的树上传来鸟儿和知了的欢歌声；如今的彰武路，川流不息的机动车嘈杂声不绝于耳。由于日益增长的机动车流量，一些电动车主为了绕过红灯，驾着电动车在步行区里横冲直撞。在整个车辆行驶的高峰时，即使走在步行区也必须十分小心，提防被前方或者背后突然驶来的电动车撞伤。城市化转型提高了附近居民的生活质量，但同时带走了往日的宁静和优雅的环境。

2021 年 3 月，德国

观察与思考

德国社会怎样关心残疾人

夏 阳

有一年，在给新生上第一堂课时，发现坐在前排的两位男生似乎与众不同，他们一边听课，一边往电脑键盘里输入文字。课间休息时，在闲聊中了解到，他们是一家速记服务公司的雇员，来这里听课是为了帮助班里的一位有听力障碍的女学生。

这位坐在后排的女学生患有先天性听力障碍，即使戴上先进的助听器，她也只能勉强分辨近距离传来的声音。由于听力衰弱，她几乎无法分辨自己说话声音的频率，所以也不会像正常人一样说话吐字清晰。而在和其他人交流时，她往往只能靠解读唇语来了解别人的意思。

女学生在鲁尔区某市的政府部门工作，下班以后利用业余时间来大学学习。她的愿望是，毕业以后能在市政府的社会部门工作，这样就有机会给残疾人提供直接帮助。为了给她提供学习方便，单位领导出资雇用了两位速记员，帮助她解决听力障碍的困难。

两位速记员都受过高等教育，能够理解专业课内容。在课堂上，他们每二十分钟轮班一次,边听课边将讲课内容输入电脑键盘,被输入的文字信号能同步传递到女学生的电脑屏幕上,这样,女学生就可以通过阅读了解上课内容。如果遇到推导公式或者演算例题,速记员就会输入"注意:请阅读投影仪上的推导和演算"这类的文字,让这位女学生直接阅读投放在屏幕上的内容。

由于班里有这么一位特殊学生,上课时特地放慢了语速,这样速记员们就可以完整地记录下授课的内容。后来发现,这位女学生的理解能力似乎在其他学生之上,每次在给学生布置课堂作业时,她几乎都能最先完成作业。

这位女学生的最大困难是操作计算程序,原因可能是:由于速记员不会使用这个计算程序,无法把操作指令完整地输入键盘,更没法用文字给她提供详细解答。每次用计算程序做算例时,她就会变得焦躁不安。后来把她和一个熟悉计算程序的女学生安排在一个组,在同桌女生的帮助下,她很快就学会了操作计算程序。

德国文理中学开设一门"价值与准则"课,伦理教育中也包括尊重和帮助残疾人的内容。当残疾人同学有困难时,其他同学都愿意提供帮助。前几年,班里曾经有过一位高位截瘫学生,他每次来上课都搭乘一位同学的便车。由于他行动不便,班里同学会留出前排靠近门的一个座位,以便他的轮椅车能够容易进出教室。在这位同学上、下楼或者上厕所时,也会有同学主动提供帮助。

关心残疾人是文明社会的共识。德国法律中早有了平等对待残疾人、保护他们权益的相关内容,比如《基本法》第三款第三条中就有"任何人都不能因为自己的残疾而处于不利地位"的法律条文。在几乎所有公共场所,如机场、车站、医院、学校,都设置了为残疾人设计的走道、停车场、厕所、专座等设施。然而,残疾人不仅需要专门的公共设施,他们更希望和其他社会成员一样,能够完成职业培训和高等教育,成为自食其力的社会成员。为了使残疾人有同样的工作机会,联邦德国议会分别在2001年、2002年和2006年通过了《第九社会法典》《残疾人平等法》和《一般同等对待法》，用法律形式保护他们参加工作的权利。

德国《第九社会法典》中第 3 部分"严重残疾人参与的特别规则"中有"雇主有义务雇用严重残疾人"的相关法律规定：雇员人数超过二十以上的私人雇主或公共部门，也就是用人单位，至少要给严重残疾人提供占职工人数不少于 5% 的就业机会。在落实这一安置残疾人的规定中，公共事业单位做出了表率。在政府机关和学校的招聘启事中，几乎都可以读到"残疾者优先考虑"的特别说明。

十多年来，在社会各界的努力和支持下，大量残疾人获得了就业机会。以德国北威州一家大型生产刀具的企业为例：在这家约 600 员工的企业中，残疾人比例占到了大约 8%。为了给残疾人雇员提供适合生理特点的工作环境，企业内部特别组建了一个专门车间，让这些雇员从事生产规划、产品质量管理、物流管理、财务会计等方面的技术工作，使他们有机会为社会贡献自己的聪明才智。

虽然《第九社会法典》已经生效多年，但在以追求盈利为目标的许多企业中，至今仍然有大约三分之一企业在安置残疾人雇员方面无所作为。为了改变这种状况，联邦劳动局采取了相应措施，促进私有企业接纳残疾人雇员。这些措施包括：对安置残疾人雇员的企业提供一些必要的经济资助，比如给这些企业提供较好的贷款条件；而对没有完成安置指标的企业，则采取缴纳一定补偿费用的罚款措施。

对待残疾人的态度是衡量一个社会文明程度的标准之一。近十多年来，每次回国休假时都可以感受到中国社会在关心残疾人方面的进步。在上海这样的大城市，公交车和地铁中已经为残疾人设置了专座，残疾人去医院看病也不必排长队挂号。但我们也应该看到，在平等对待残疾人的全民教育方面、在给残疾人提供学习和职业培训方面、在保障他们的就业权益方面，还有大量的工作要做。

2018 年 10 月，德国

三个有趣的心理学实验

夏 阳

一、智商测量值和估计值有相关性吗？

上个学期，学生在做统计数据分析的时候选择的课题可以说是五花八门，比如："豚鼠牙齿生长与服用维他命 C 的相关性研究"，"对不同年龄阶段雇员的工作态度统计分析"，"美国居民持枪率与自杀率的相关性研究"，这些题目几乎都选自国际专业期刊中已发表的研究工作。虽然做这些案例分析只是重复前人的工作，但学生在完成作业过程中必须阅读原始文献，理解研究课题的核心问题，掌握必要的统计分析方法，然后验算原始文献中的计算结果，并且按照科技论文写作规范，用自己的语言写出书面作业。给学生布置此类课外作业，目的是培养学生独立完成从选题到研究直至完成科研论文的能力。

有一篇作业中研究的是智商的测量值和智商的估计值之间的相关性，数据来自东欧一所大学的研究人员做过的一个心理学实验。研究人员从大学生中随机选出一组不同年级和不同专业的实验者，测量了他们智力商数，并且给每个人拍摄脸部标准照；然后再随机选出另一组与前一组成员互不相识的实验者，给他们看前一组成员的脸部标准照，并要求他们根据照片上的人像给出一个智商估计值。

人的面相主要来自遗传，可以说是与生俱来，而人的智力则是成长过程中逐步提高的。智商的测量值具有一定的随机性，而智商的估计值更带有很大的主观性。可以说，"智商的测量值和估计值之间的相关性"的命题并不科学。假定两个值之间存在正相关,那么"长得比较好看的人,智商也就比较高(或者:智商比较高的人,长得也就比较好看)";再假定两个值之间存在负相关,那么"长得比较好看的人,智商也就比较低(或者:智商比较低的人,长得也就比较好看)",这类的结论成立吗?

统计分析的结果并未超出常识判断:这二个值之间不存在相关性。学生的作业中出现了智商的测量值与估计值之间存在微弱负相关的解释,也即:智商的测量值越低,智商的估计值就越高,说白了就是:智商越低的人,面相就越善。这个结论显然违反了常识。

由此联想到:学生不仅应当学会分析统计数据,撰写实验报告和科技论文,更应该学会判断统计假设和分析结果的合理性。

二、服务生的外表和服装色彩与小费行为

从欧洲大陆乘坐飞机前往美国的途中,乘客除了填写入境表格以外,还被要求阅读一些入境的注意事项,比如不允许携带水果、植物种子等物品入境。这些注意事项中令人印象较深的还包括:在美国餐馆用餐后要付给服务生小费,其中的大意是:服务生的部分收入来自小费;餐馆顾客用餐后付给服务生的小费应不少于账单总额的15%。

长期以来,有个问题一直萦怀脑际:小费为什么不直接打入顾客的消费账单,而要当面付给服务生呢?可能想到的理由是:餐馆为降低营运成本只付给服务生极低的工钱,但同时允许服务生收取客人的小费,以此提高服务生提供优质服务的积极性;如果服务生想要多挣小费,就应该让顾客们满意。假如这个理由成立的话,那么小费可以被认为是一项提高餐馆服务质量的积极措施。

最近有个学生在做统计数据分析时选择了一个研究服装颜色和小费行为之间相关性的题目,该题目来自于旅馆和旅游业的一项研究,目的是找出影响小费行为的因素。学生在文献综述中得出的结论是:顾客的小费行为的确受到服务质量以外的一些因素影响,其中主要的

因素可以归纳为以下几点：

一、女服务生的外表与小费行为有较密切关系，比如金发的以及胸围尺寸大的女服务生可以得到较多小费；

二、女性吸引力强的服务生可以比女性吸引力弱的服务生得到更多小费；

三、红色服饰会增加女性的吸引力，身穿红色服装的女服务生可以比身穿其他颜色服装的女服务生得到更多小费；

四、男服务生外表和吸引力不会改变顾客的小费行为。

根据相关的研究结果看，小费行为似乎不仅仅是一个行为心理学问题，它似乎也是一个与生理学有关的问题，不然如何解释女性外表与小费收入之间的正相关性，又如何解释红色服饰可以使女服务生得到更多的小费呢？

三、网页背景色调与网购顾客的消费倾向

进入新世纪以来，电子商业迅速在金融业、餐饮业、零售业以及其他商业领域崛起，如今互联网交易已经进入寻常百姓家。商家在网页设计时，如何选用适当的网页背景色调来增加网上顾客的购物欲望，这是一个有趣的统计分析课题。

近年来，这方面的研究工作集中在找出网页背景色调、物品价格、网上消费者购物倾向之间的相关性。比如背景色调的色彩、亮度和颜色饱和度是否会给网上顾客带来愉悦，从而使他们乐于网上消费。研究的结果大致如下：

第一、色彩因素。一项研究表明，冷光采购环境比热光采购环境能给网上顾客带来更多愉悦，也就是说：冷光色网页可以产生较强烈的美感；也有另外的研究表明，一些网上顾客觉得红色背景可以带来更多愉悦。

第二、亮度因素。有研究表明，高亮度色彩的白色含量能给网上顾客带来更多愉悦，它可以产生一种使人感到安静和放松的效果。也

有一些研究表明，在网页设计中，高亮度色彩比低亮度色彩能给网上顾客带来更多松弛感。

第三、饱和度因素。饱和度和观察者的感知之间存在着显著的正相关：较之低饱和度色彩，屏幕上的高饱和度色彩更能使观察者产生活泼的视觉效果。

人的行为具有一定的行为模式。这项研究的意义在于：通过大数据分析找出电商网页背景色彩对网上消费者行为的影响，其研究结果可以为优化网页背景设计提供科学依据。

2022年2月，德国

www.ingramcontent.com/pod-product-compliance
Ingram Content Group UK Ltd.
Pitfield, Milton Keynes, MK11 3LW, UK
UKHW042004230426
12048UKWH00009B/554